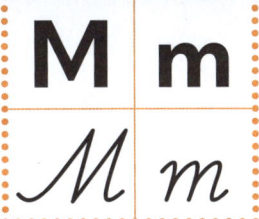

AF204486

1

⬤ (blau)	⬤ (rot)	⬤ (blau)	⬤ (grün)
☒	☐	☐	☐
⬤ (rot)	⬤ (blau)	⬤ (rot)	⬤ (blau)
☐	☐	☐	☐

2

Zu den Fibelseiten 4 und 5:
1. Heraushören des Lautes /m/, Ankreuzen, wenn dieser im Wort enthalten ist
2. Einkreisen der Buchstaben M, m

1

2

2   Zu den Fibelseiten 6 und 7:
1. Heraushören des Lautes /i /, Ankreuzen, wenn dieser im Wort enthalten ist
2. Einkreisen der Buchstaben I, i

3

4

$\mathcal{M}$ i m i

5

$\mathcal{M}i$	mi
$\mathcal{M}i$	

$\mathcal{M}i$	mi
	mi

3. Eintragen der Silbenbögen
4. Anlautbilder und Buchstaben einander zuordnen, Name silbenweise sprechen
5. Ergänzen der Silben

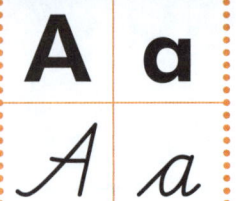

1

2

Zu den Fibelseiten 8 und 9:
1. Heraushören des Lautes /a/, Ankreuzen, wenn dieser im Wort enthalten ist
2. Einkreisen der Buchstaben A, a

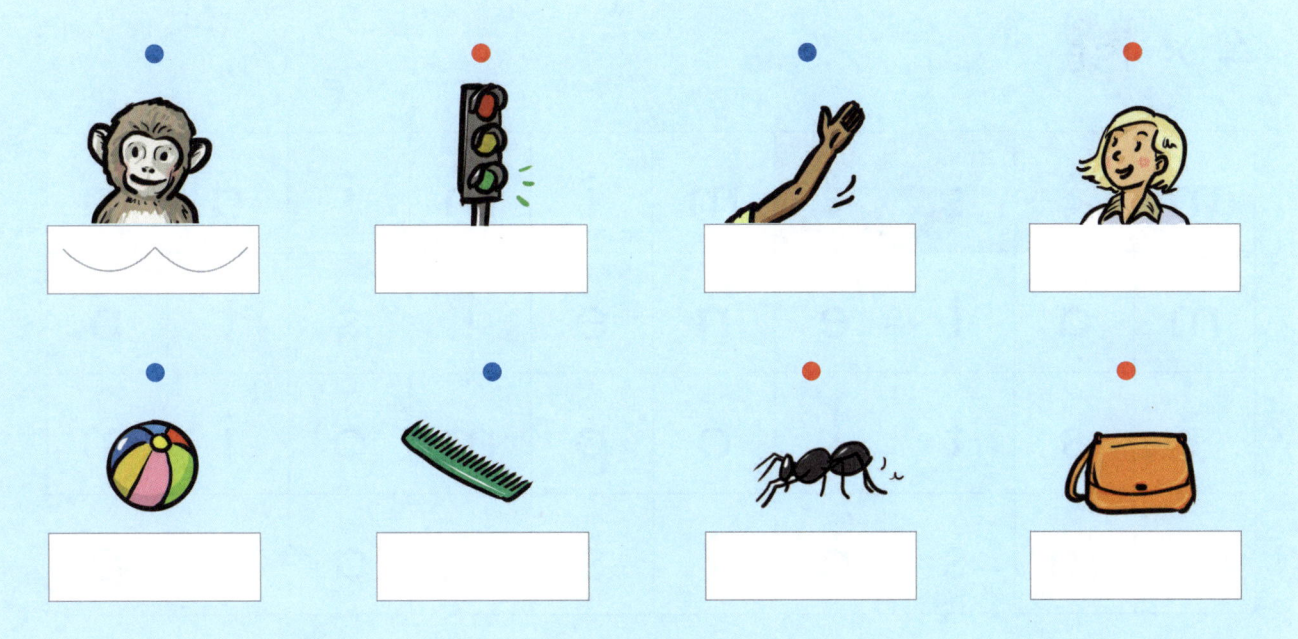

Ma | ma   Mama

Mi | mi   Mi

Mi | a   M

ist

1

4 × **ist**

m	i	s	t	m	i	m	i	a	m
m	a	l	e	n	e	i	s	t	p
i	s	t	l	o	p	m	o	i	m
a	m	s	n	i	s	t	a	p	p

2

im	
am	
im	

3

☐ Mama am 🧺

☐ Mimi am 🧺

Zu den Fibelseiten 10 und 11:
1. Ausmalen der Felder mit den kleinen Wörtern ist, im, am
2. Verbinden der kleinen Wörter im und am mit den entsprechenden Bildern
3. Ankreuzen der richtigen Aussage

4

☐ Mama ist im  .

☐ Mia ist im  .

☐ Mimi ist im  .

☐ Mimi ist am  .

5

Mimi ist *am*  .

Mimi ist *im*   .

1

2

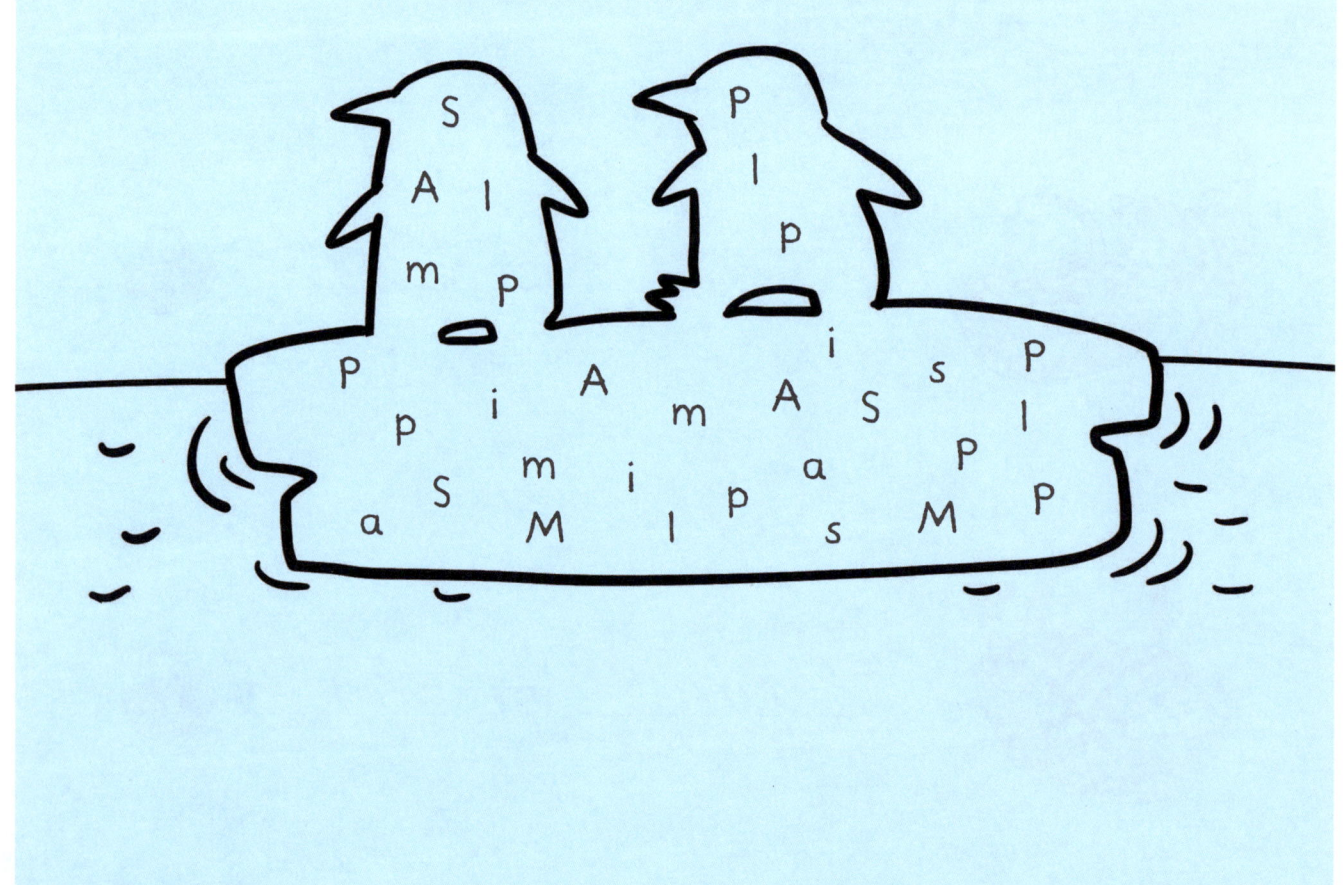

Zu den Fibelseiten 12 und 13:
1. Heraushören des Lautes /p/, Ankreuzen, wenn dieser im Wort enthalten ist
2. Einkreisen der Buchstaben P, p

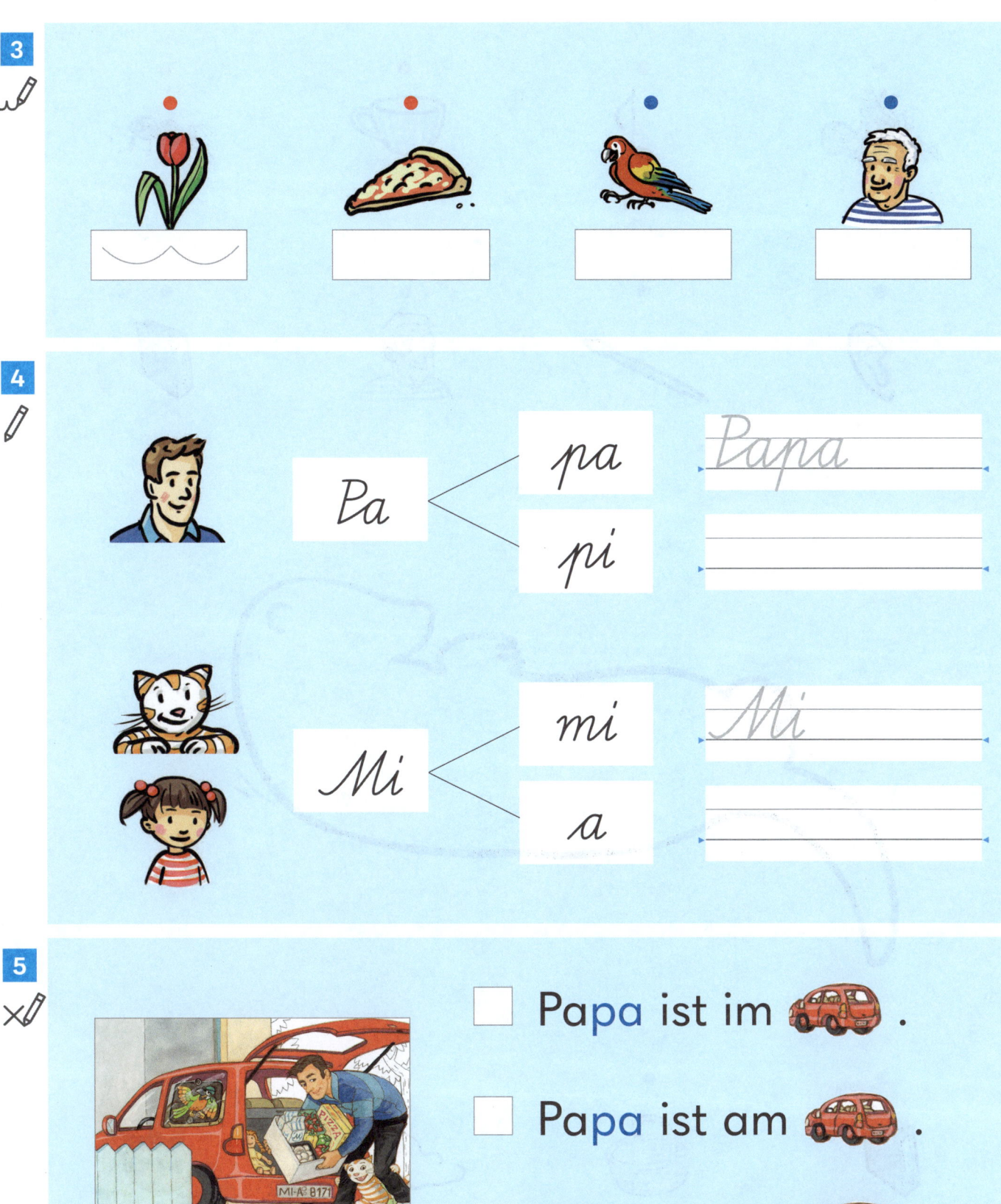

3

4

Pa
pa → *Papa*
pi

Mi
mi → *Mi*
a

5

☐ Papa ist im 🚗 .

☐ Papa ist am 🚗 .

☐ Mimi ist am 🚗 .

3. Eintragen der Silbenbögen
4. Bilden von Namen aus Silben, Schreiben der Namen
5. Ankreuzen der richtigen Sätze

1

🟢	🔴	🔴	🔴
☒	☐	☐	☐

🟢	🔵	🔵	🔵
☐	☐	☐	☐

2

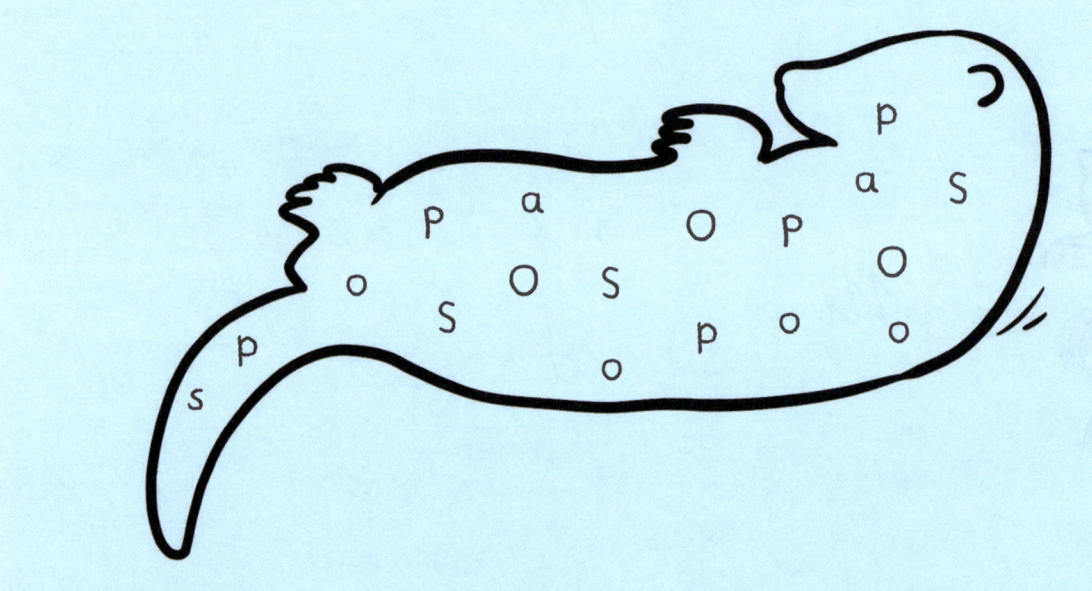

3

Zu den Fibelseiten 14 und 15:
  1. Heraushören des Lautes /o/, Ankreuzen, wenn dieser im Wort enthalten ist
  2. Einkreisen der Buchstaben O, o
  3. Eintragen der Silbenbögen

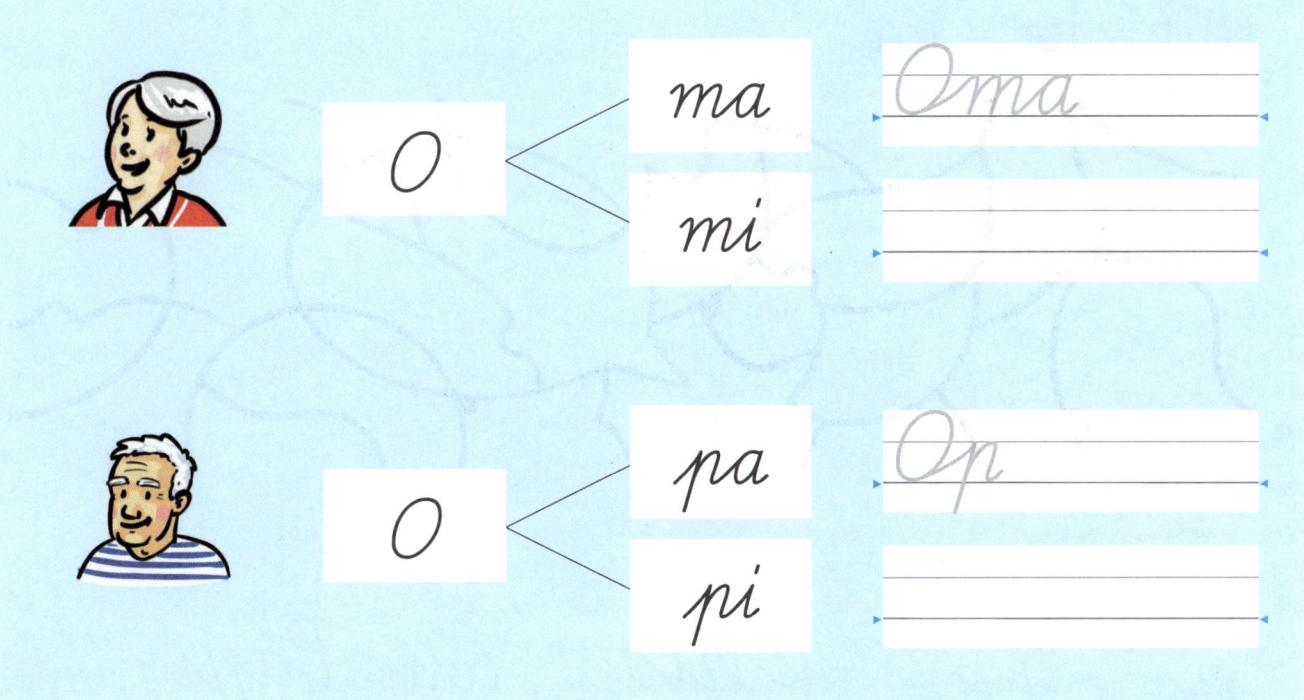

| | | ma | *Oma* |
| O | | mi | |

| | | pa | *Op* |
| O | | pi | |

☐ Omi ist am  .

☐ Opi ist im  .

☐ Am  ist Opa .

☐ Mo ist im  .

4. Bilden von Namen aus Silben, Schreiben der Namen
5. Ankreuzen der richtigen Sätze

ruft

1

ruft – ist – im

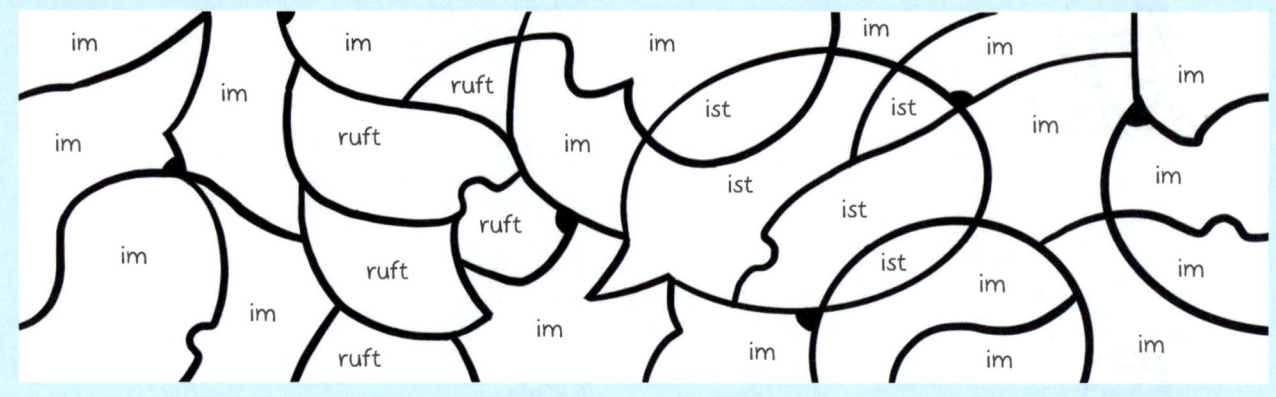

2

Papi

Mia ruft: *Papi* .

Mia ruft: *Papi* .

Mimi

Opa ruft: *Mimi* .

ruft: .

Mo

Oma ruft: .

ruft: .

Zu den Fibelseiten 16 und 17:
1. Erkennen der kleinen Wörter, Ausmalen der Felder entsprechend der Farbvorlagen
2. Ergänzen der Sätze

am

ist	im	(am)	im	am	im

im	am	ruft	am	ist	im

ist

ruft	ist	im	ruft	ist	am

ist	am	ist	ruft	am	im

ruft

ruft	am	ruft	am	ist	im

im	ruft	ist	am	ruft	ist

Oma

☐ Mia ist am .

☐ Mia ruft Oma an.

☐ Mimi ist am  .

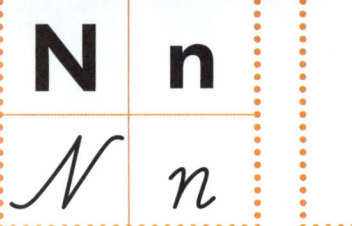

1

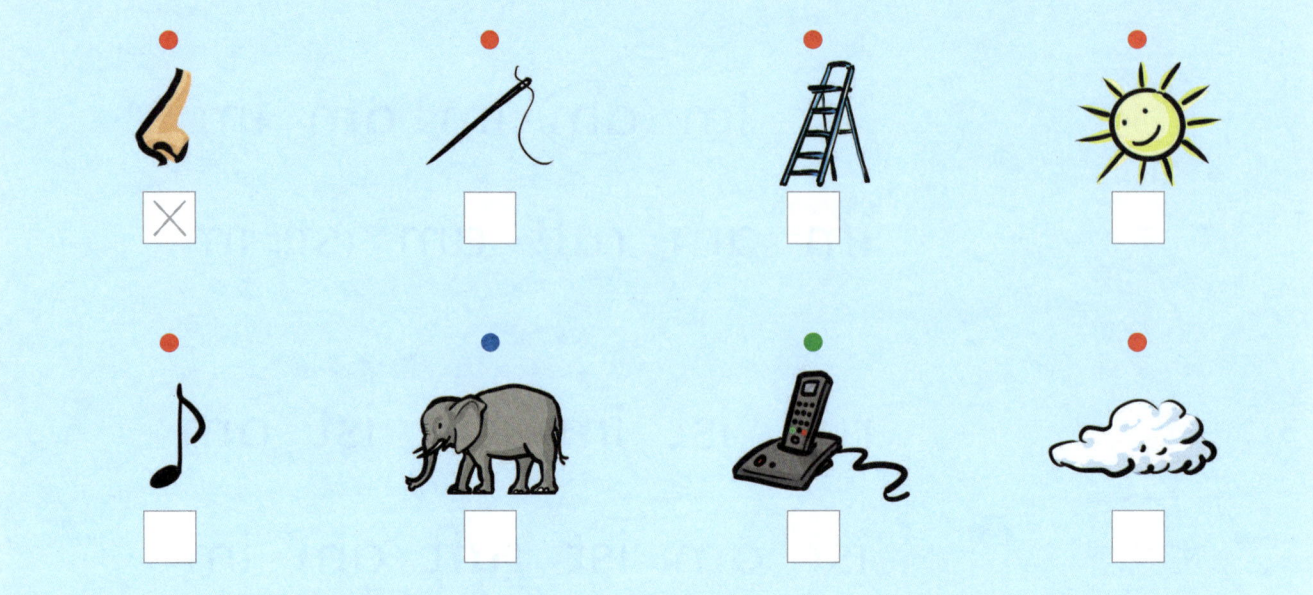

2

3

Zu den Fibelseiten 18 und 19:
1. Heraushören des Lautes /n/, Ankreuzen, wenn dieser im Wort enthalten ist
2. Einkreisen der Buchstaben N, n
3. Eintragen der Silbenbögen

I	na		_Ina_
Ni	na		_N_
A	mon		

Amon	~~am~~
~~Ina~~	im
Mia	am

Ina ist _am_ [2] .

_A_ ist _____ [1] .

_____ ist _____ .

4. Bilden von Namen aus Silben, Schreiben der Namen
5. Schreiben der Namen, Ergänzen der Sätze mit den Wörtern *im* und *am*

15

und sind

1

und – sind

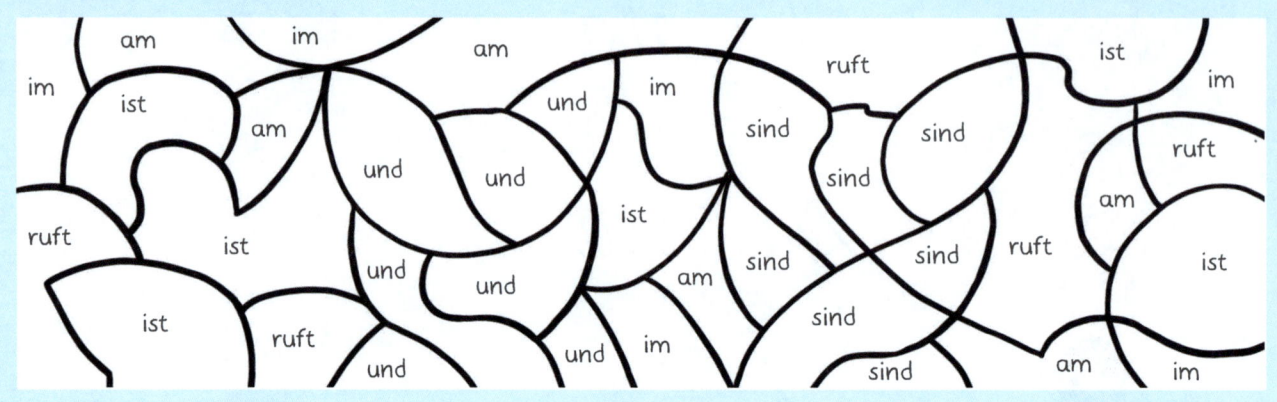

2

Opa	Mia	Oma
Mo	Amon	Papa

Opa und Mo

O und

und

Zu den Fibelseiten 20 und 21 sowie 22 und 23:
1. Erkennen der Ganzwörter *und*, *sind*, Ausmalen der Felder entsprechend der Farbe
2. Ergänzen der Namen

und	ist ⟨und⟩ ruft sind am und
sind	und ist sind ruft sind ist
ist	im ist und am ist und ruft
ruft	ruft und im ist am ruft sind

☐ Am  sind .

☐ Mia und Nina sind am .

☐ Amon und Mo sind am .

☐ Mimi ist im .

 **Mm**   **Ii**   **Aa**

1

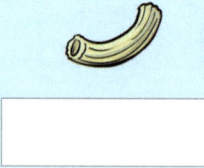

2

Mia	Mama	Oma
Mo	~~Amon~~	Papa

   *Amon* und *M*

   _____ und _____

   _____ und _____

1. Eintragen der Silbenbögen
2. Ergänzen der Namen

 **P p**  **O o** **N n**

3

und – ist – am – im – ruft

o	u	n	d	p	i	s	t	n	m
a	i	r	d	i	a	u	i	t	p
r	u	f	t	a	i	p	o	i	m
a	n	d	o	r	i	a	m	t	p

4

 *Papa*   *am*

Papa ist _____  .

 *Mimi*   *am*

_____ ist _____ .

 *Ina*   *am*   *Nina*

_____ und _____ sind _____  .

1

2

3

Zu den Fibelseiten 26 und 27:

1. Heraushören des Lautes /t/, Ankreuzen, wenn dieser im Wort enthalten ist
2. Ausmalen der Felder mit den Buchstaben T, t
3. Eintragen der Silbenbögen

 ☐ To
☒ Ti

 ☐ Ta
☐ To

 ☐ Ta
☐ Ti

 ☐ Ton
☐ Tan

 ☐ Tin
☐ Ton

 ☐ Ta
☐ Ti

Ina ~~*mit*~~

Ina ist *mit* Papa am  .

am *tippt*

Papa ist _____  .

Ina _____. Papa an.

4. Lesen und Ankreuzen der richtigen Anfangssilbe passend zum Bild
5. Ergänzen der Lückensätze

1

2

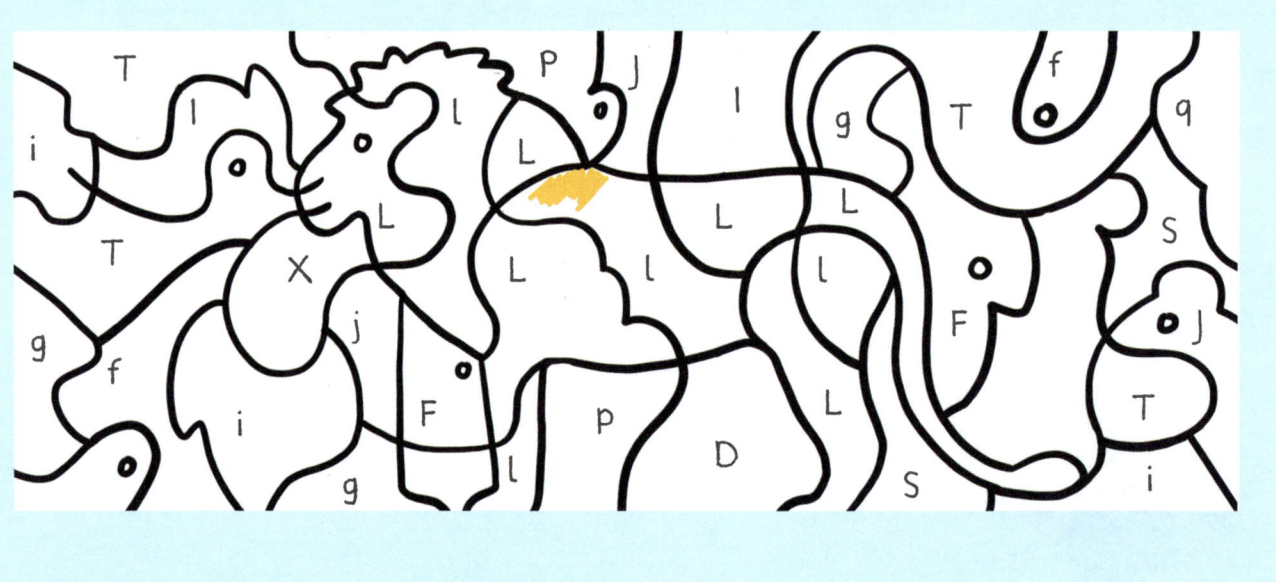

3

Zu den Fibelseiten 28 und 29:
1. Heraushören des Lautes /l/, Ankreuzen, wenn dieser im Wort enthalten ist
2. Ausmalen der Felder mit den Buchstaben L, l
3. Eintragen der Silbenbögen

  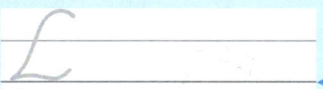

Lin

Lin malt

Lin malt mit

Lin malt mit Tilo

Lin malt mit Tilo lila

Lin malt mit Tilo lila  .

1

2

3

a i o u

Uli

Lama

Puma

Muli

Tim

24 Zu den Fibelseiten 30 und 31:

1. Heraushören des Lautes /u/, Ankreuzen, wenn dieser im Wort enthalten ist

2. Ausmalen der Felder mit den Buchstaben U, u

3. Eintragen der Silbenbögen, Einkreisen der Selbstlaute

4

☐ Mu

☐ Mo

☐ Tul

☐ Tol

☐ Na

☐ Nu

5

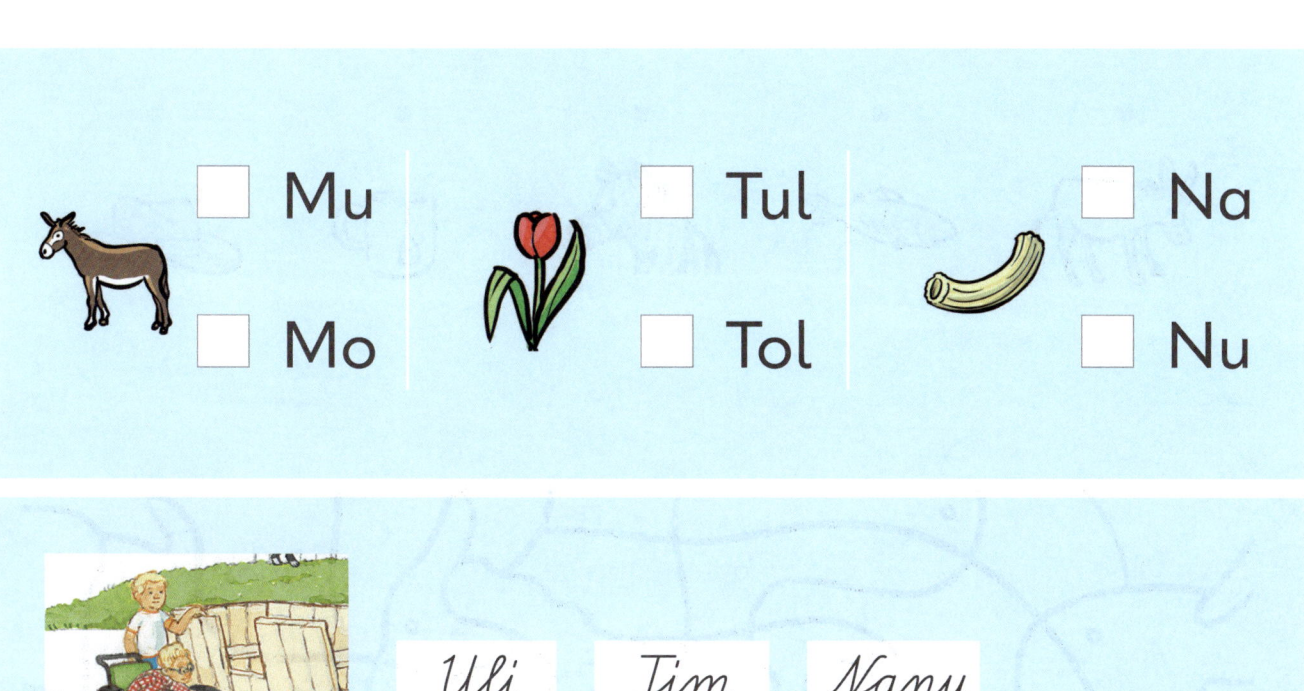

Uli *Tim* *Nanu*

Am 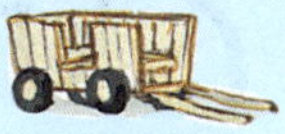 sind U_______ und _______ .

Uli ruft: _______ ? Mimi !

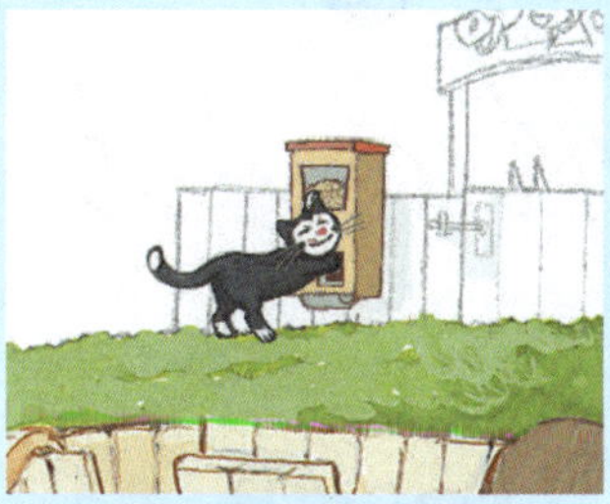

Mo *nun*

Und _______ ? Mo ist _______ am 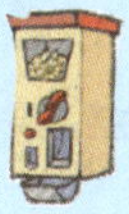 .

4. Lesen und Ankreuzen der richtigen Anfangssilbe passend zum Bild
5. Ergänzen der Lückensätze

E e

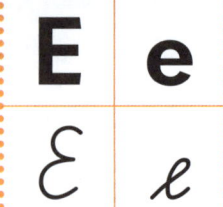

1

☐ ☐ ☐ ☐ ☐

2

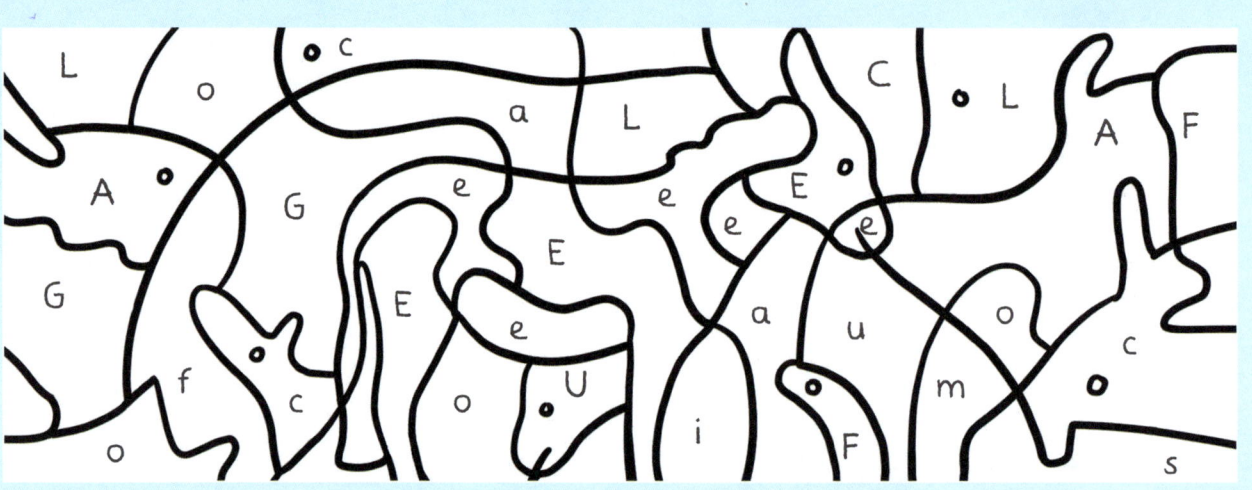

3

a e i o u

Lupe

Mantel

Lampe

Tomate

Melone

26　Zu den Fibelseiten 32 und 33:

　1. Heraushören des Lautes /e/, Ankreuzen, wenn dieser im Wort enthalten ist

　2. Ausmalen der Felder mit den Buchstaben E, e

　3. Eintragen der Silbenbögen, Einkreisen der Selbstlaute

4

Tante — T

Lampe —

Ente —

Palme —

5

Alle malen .

Alle _____ mit Lila.

Nele malt .

Nele _____ Enten.

4. Nachspuren und Abschreiben der Wörter, auf die wiederkehrende Endung -e achten
5. Ergänzen der Sätze mit der passenden Verbform *malt* oder *malen*

27

1

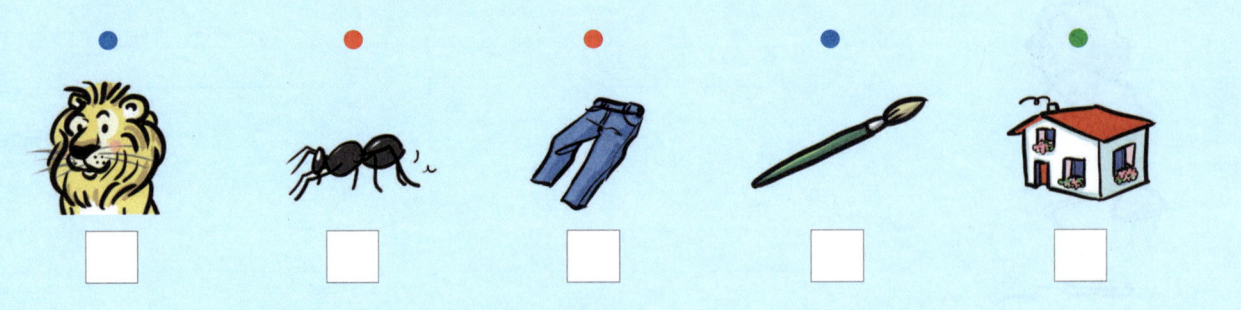

2

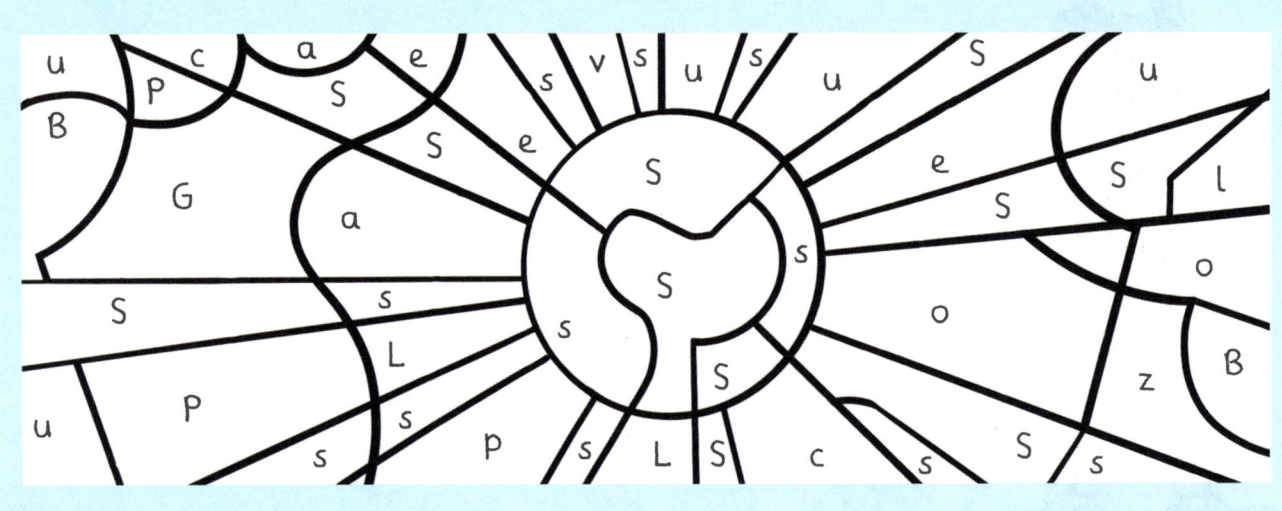

3

Sonne   Nase   Selina

Salami   Salat   Pinsel

Zu den Fibelseiten 34 und 35:

1. Heraushören des Lautes /s/, Ankreuzen, wenn dieser im Wort enthalten ist
2. Ausmalen der Felder mit den Buchstaben S, s
3. Eintragen der Silbenbögen, Einkreisen der Selbstlaute

4

	Amsel	*A*
	Esel	
	Insel	
	Pinsel	

5

Selina *soll* lesen.

Amon _____ sippen.

Selina und Oma *sollen* lesen.

Amon und Ina _____ sippen.

4. Nachspuren und Abschreiben der Wörter, auf die wiederkehrende Endung -el achten
5. Ergänzen der Sätze mit der passenden Verbform *soll* oder *sollen*

29

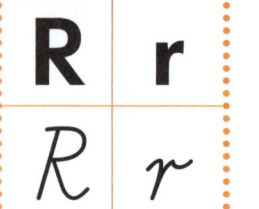

R r
R r

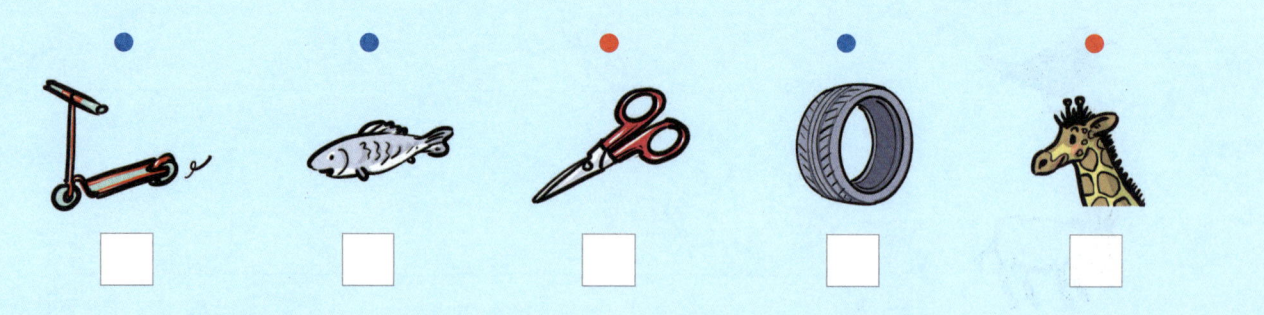

2

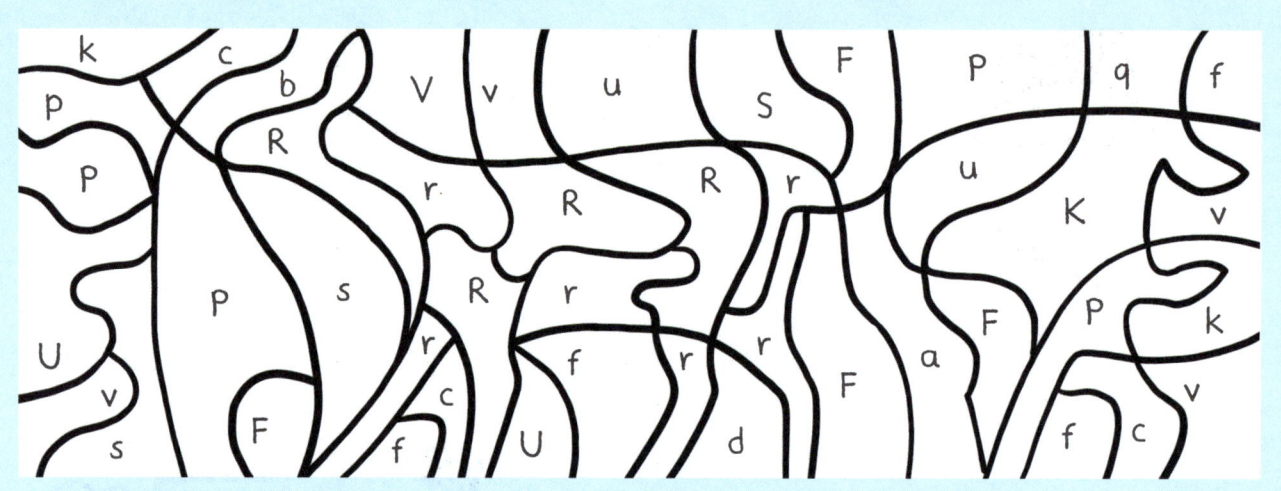

3

| turnen | treten | raten | rennen |

 turnen

 re

Zu den Fibelseiten 36 und 37:
1. Heraushören des Lautes /r/, Ankreuzen, wenn dieser im Wort enthalten ist
2. Ausmalen der Felder mit den Buchstaben R, r
3. Zuordnen und Schreiben der Verben

Alle rollen.

Romi *rollt*.

Alle rennen.

Tilo *rennt*.

Alle lernen.

Nina _____.

Alle turnen.

Ina _____.

Amon

Amon ist

Amon ist im Tor.

Amon ist im Tor mit .

Amon ist im Tor mit rotem .

4. Ergänzen der Personalformen
5. Lesen der Pyramidensätze, Ergänzen des Bildes

Ei ei

Ei ei

□ □ □ □ □

2

3

a e i o u
ei

Eimer

Leiter

Seil

Reiter

Ameise

Zu den Fibelseiten 38 und 39:

1. Heraushören des Lautes /ei/, Ankreuzen, wenn dieser im Wort enthalten ist
2. Ausmalen der Felder mit der Buchstabenverbindung Ei, ei
3. Eintragen der Silbenbögen, Einkreisen der Selbstlaute

4

Alle reiten.

Amon *reitet* .

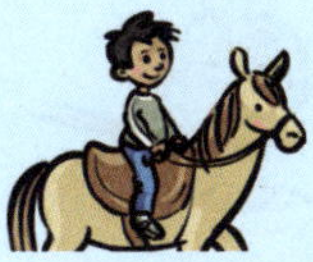

Alle teilen.

Romi *teilt* .

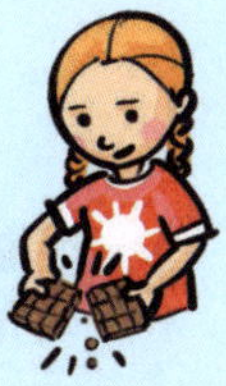

Alle reimen.

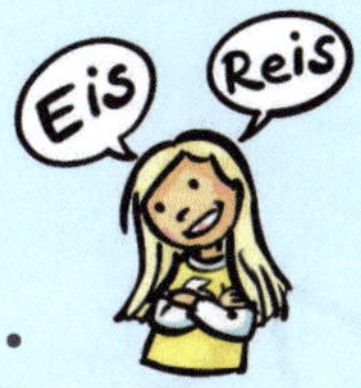

Ina __________ .

Alle reisen.

Oma __________ .

5

Eis *Leiter* *Eimer* ~~*Ei*~~ *Leine* *Meise*

ein

ein Ei

____

____

eine

____

____

____

4. Ergänzen der Personalformen
5. Ordnen der Substantive nach den unbestimmten Artikeln, Schreiben der Substantive

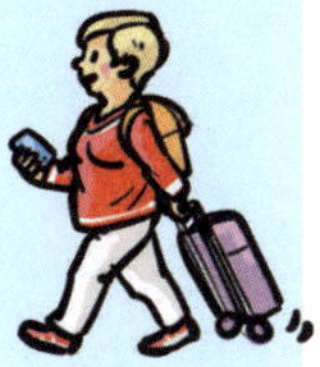

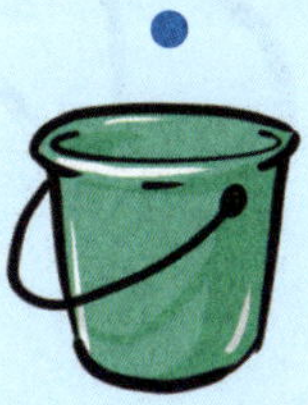

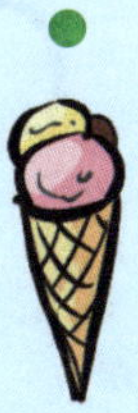

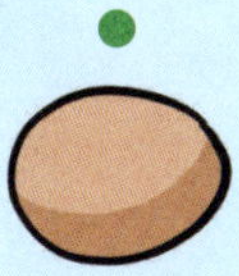

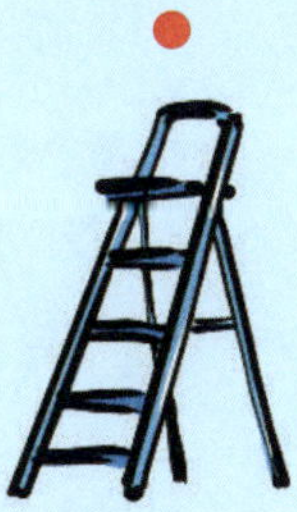

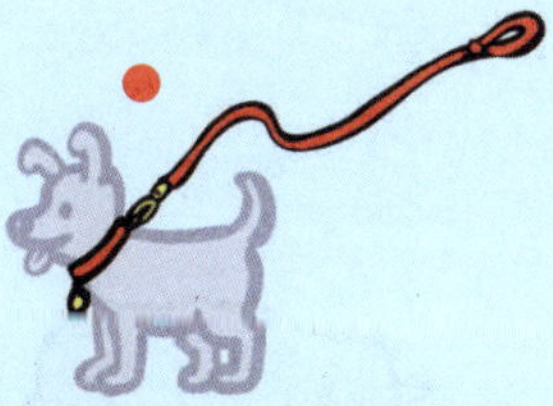

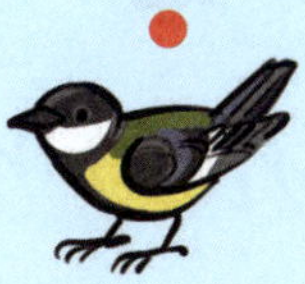

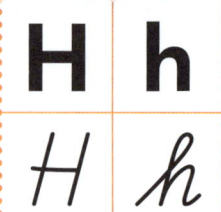
H h
H h

☐ ☐ ☐ ☐ ☐

2

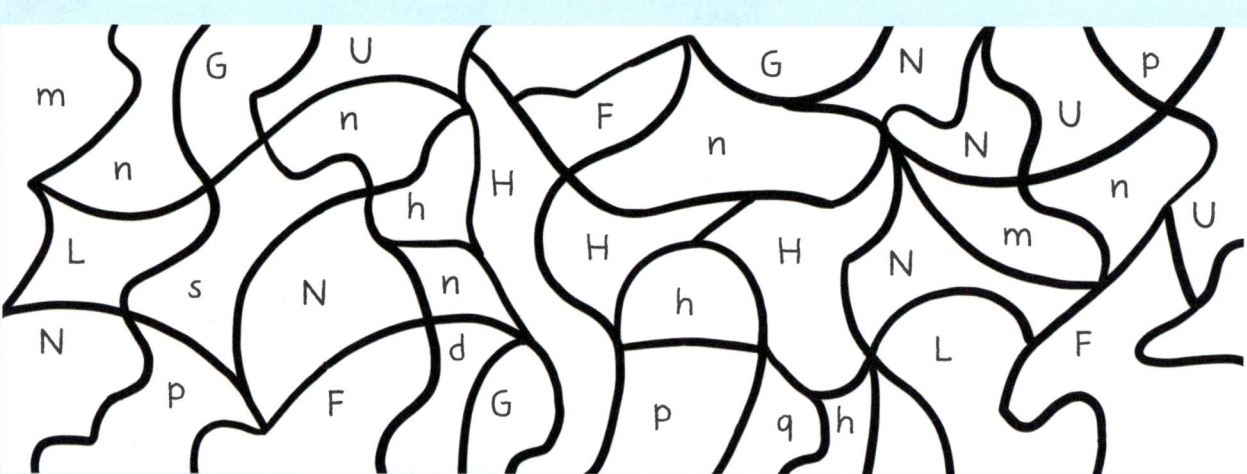

3

Himmel

Hut

Hose

Nashorn

Hase

Hamster

Zu den Fibelseiten 40 und 41:

1. Heraushören des Lautes /h/, Ankreuzen, wenn dieser im Wort enthalten ist
2. Ausmalen der Felder mit den Buchstaben H, h
3. Eintragen der Silbenbögen, Einkreisen der Selbstlaute

4

Hupe   Lupe   Nase

Rose   Hase   Hose

Hupe

5

☐ Nele holt ein Seil.

☐ Nele summt mit Tim.

Nele

☐ Hannes holt eine Leiter.

☐ Hannes holt Seile.

Hannes

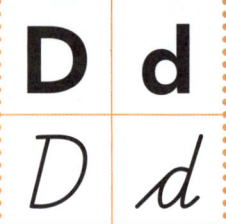

1

2

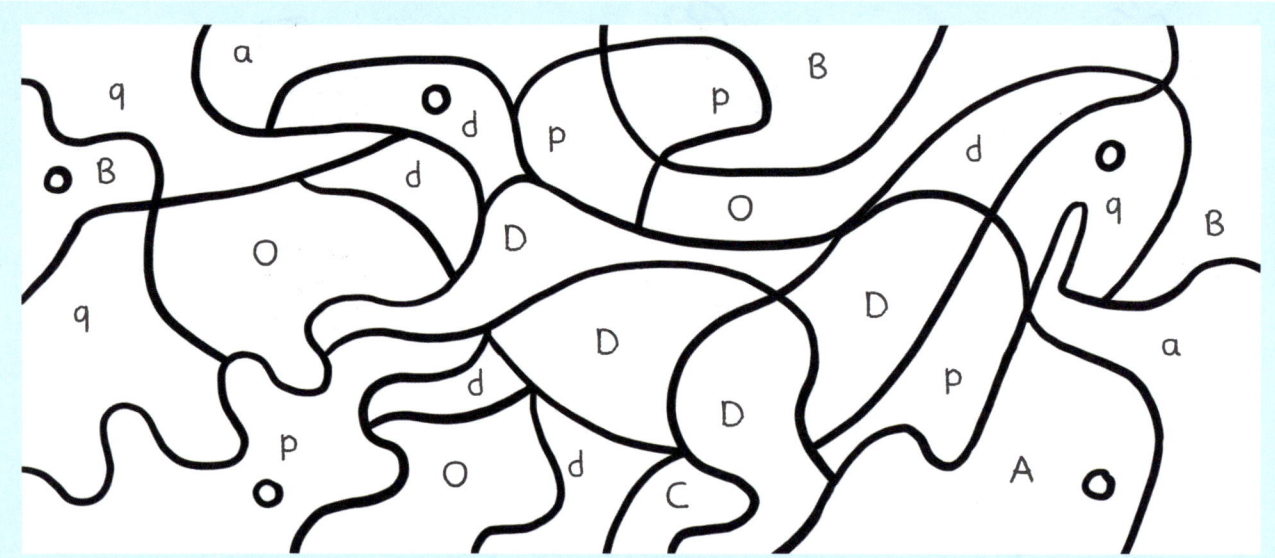

3

Dorn

Dose

Dino

Domino

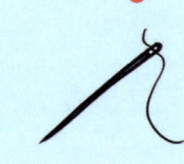

Nadel

Hund

Zu den Fibelseiten 42 und 43:

1. Heraushören des Lautes /d/, Ankreuzen, wenn dieser im Wort enthalten ist
2. Ausmalen der Felder mit den Buchstaben D, d
3. Eintragen der Silbenbögen, Einkreisen der Selbstlaute

Land   Rand   Hund

Mund   Hand   Sand

Land

H

Adler   Radio   Dreirad   Hund

der

der Adler

das

4. Schreiben der Reimwörter
5. Ordnen der Substantive nach den bestimmten Artikeln, Schreiben der Substantive

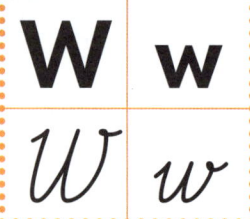

1

☐ ☐ ☐ ☐ ☐

2

3

Wolle

Wasser

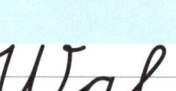
Wal

Welle

Wanne

Wald

y

38 Zu den Fibelseiten 44 und 45:
1. Heraushören des Lautes /w/, Ankreuzen, wenn dieser im Wort enthalten ist
2. Ausmalen der Felder mit den Buchstaben W, w
3. Eintragen der Silbenbögen, Einkreisen der Selbstlaute

Tanne   *Lippe*   *Wanne*

Wolle   *Rolle*   *Wippe*

Tanne

W

Der Wurm

Der rote Wurm

Der rote Wurm wohnt

Der rote Wurm wohnt im Sand

Der rote Wurm wohnt im Sand am Meer.

1

Hose

Wolle

Nun kennst du sie alle:
a e i o u.
Auch ei ist dabei!

Hund

Seil

Wasser

2

Am Ende *e*, *el* oder *er*?

Nud*el*　　　*Nudel*

Tell___

Lamp_

Ins___

Zu den Fibelseiten 46 und 47:
1. Eintragen der Silbenbögen, Einkreisen der Selbstlaute
2. Ergänzen der fehlenden Endungen -e, -el oder -er, Abschreiben der Wörter

3 **Reime.**

Dose Wanne Pinsel Hand

Rose Insel Tanne Wand

Dose

4

Wald Hupe Dino

H 1. □

2. □

3. □

Male das Wort nun.

1. 2. 3.

H

3. Schreiben und Verbinden der Reimwörter
4. Ergänzen der Substantive, Übertragen der Lösungsbuchstaben in die Lineatur, Malen des Lösungsworts

41

ie

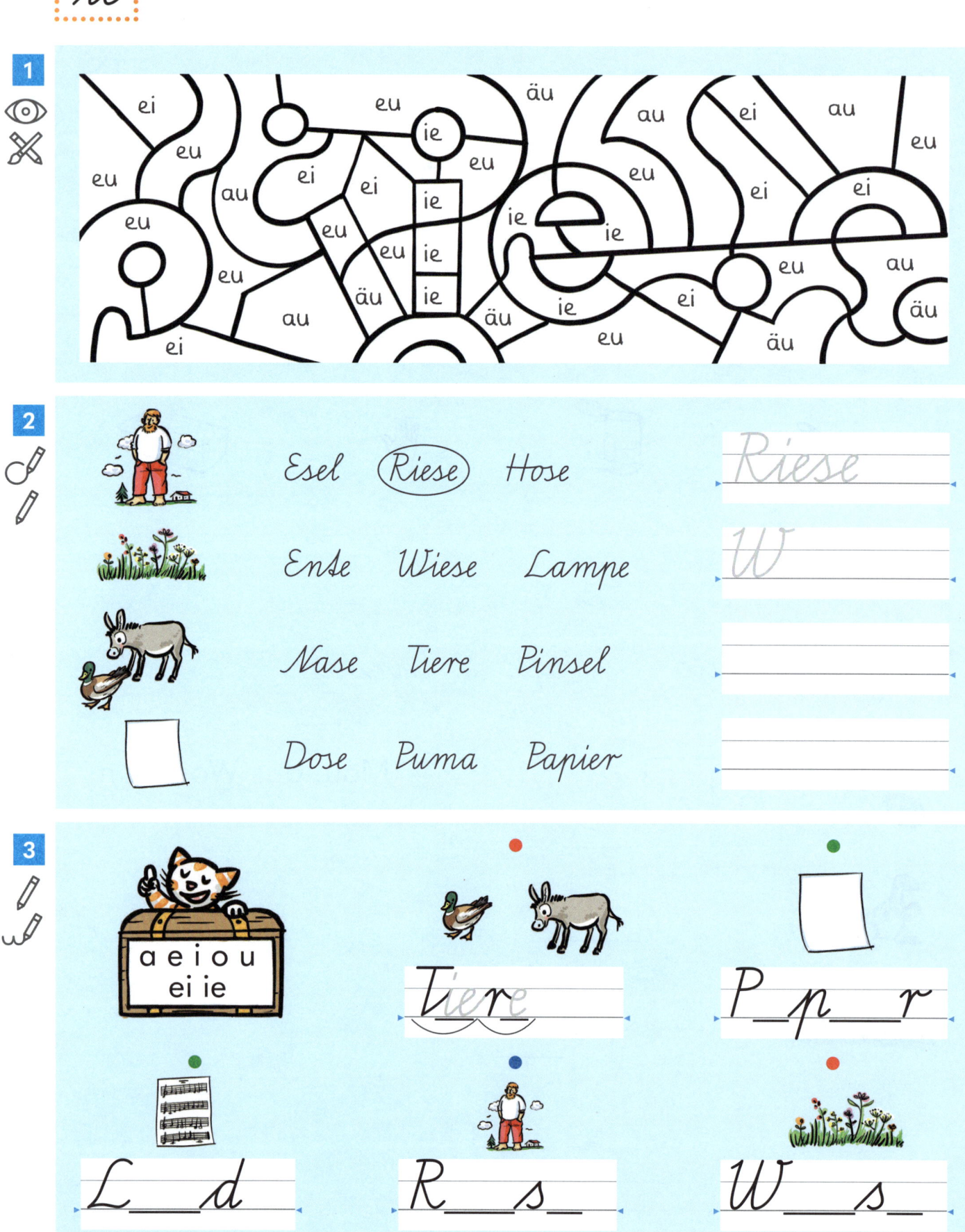

1

2

Esel (Riese) Hose

Ente Wiese Lampe

Nase Tiere Pinsel

Dose Puma Papier

Riese

W

3

a e i o u
ei ie

Tiere

P_p_r

L__d

R_s_

W_s_

Zu den Fibelseiten 48 und 49:
1. Ausmalen der Felder mit der Buchstabenverbindung ie
2. Einkreisen der richtigen Wörter, Schreiben der Wörter
3. Eintragen der Silbenbögen, Ergänzen der fehlenden Selbstlaute

4

| Wiese | Lied | Riese | Tier | Sonne | Wald |

der

die   *die Wiese*

das

5

○   ○ Nele und Tim summen ein Lied.

○   ○ Die Amseln piepen im Nest.

○   ○ Die Enten sind wieder da.

○

4. Ordnen der Substantive nach den bestimmten Artikeln, Schreiben der Substantive
5. Verbinden der Sätze mit den passenden Bildern

F f
F f

1

2

 🐵	Eis ⟨Affe⟩ Nase	*Affe*
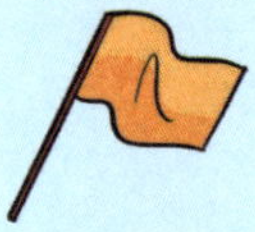 🚩	Fahne Torte Hut	*F*
	Hase Tafel Rose	
 🛸	Amsel Dose Ufo	

3

rufen	*rufen*	
werfen		
helfen		
treffen		

44   Zu den Fibelseiten 50 und 51:
1. Heraushören des Lautes /f/, Ankreuzen, wenn dieser im Wort enthalten ist
2. Einkreisen der richtigen Wörter, Schreiben der Wörter
3. Verbinden der Verben mit den passenden Bildern, Schreiben der Verben

4

F – W ?

 ○—○ F    ○ ○ F    ○ ○ F

 ○ ○ W    ○ ○ W   ○ ○ W

5

○

○ *Mia hilft Nina.*

Mia hilft Nina.

○ *Mimi ist am Telefon.*

○

○ *Opa holt Futter.*

○

4. Heraushören ähnlicher Anlaute, Verbinden der Bilder mit den richtigen Buchstaben
5. Verbinden der Sätze mit den passenden Bildern, Abschreiben der Sätze

1

☐ ☐ ☐ ☐ ☐

2

   Mauer   Maus   Haus   *Maus*

   Seil   Hase   Haus

   Amsel   Auto   Laus

   Raum   Traum   Raupe

3

a e i o u
ei ie au

 Raupe    M_sth_f_n

 A__    M__s    M__lw_rf

46   Zu den Fibelseiten 52 und 53:

1. Heraushören des Lautes /au/, Ankreuzen, wenn dieser im Wort enthalten ist
2. Einkreisen der richtigen Wörter, Schreiben der Wörter
3. Eintragen der Silbenbögen, Ergänzen der fehlenden Selbstlaute

4

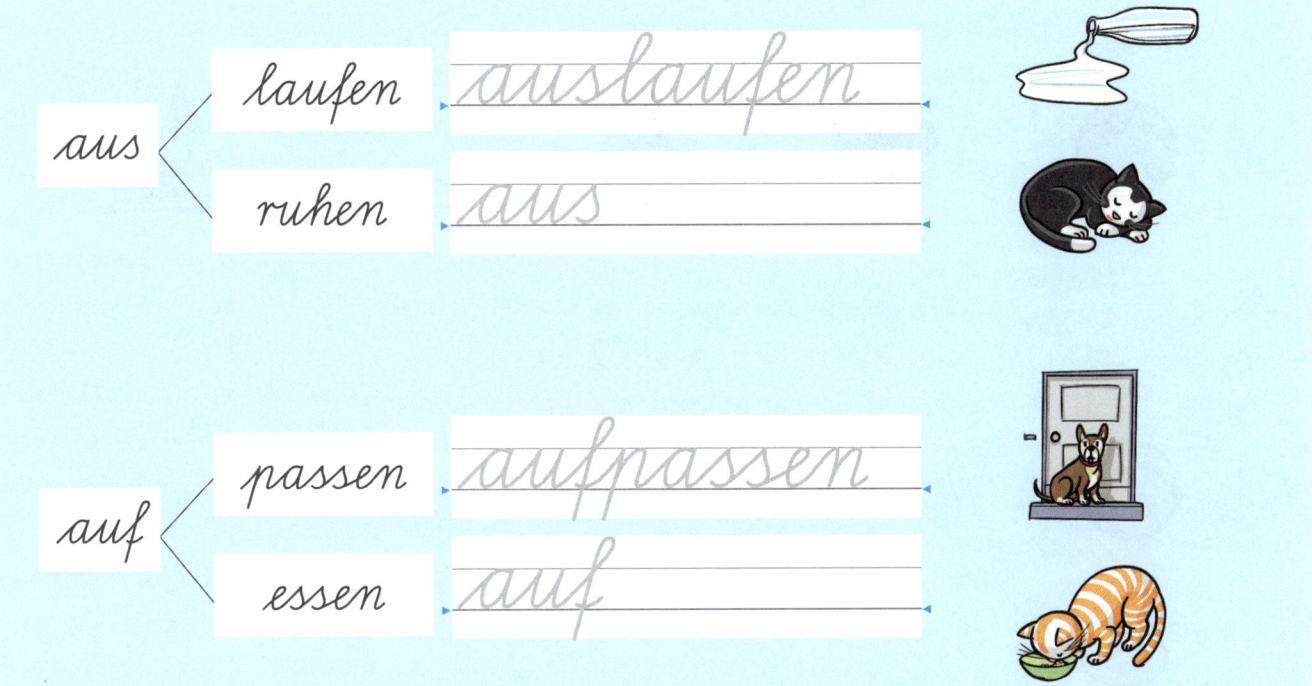

aus	laufen	*auslaufen*
	ruhen	*aus*
auf	passen	*aufpassen*
	essen	*auf*

5

Die Haus**tier**e sau**fen**. ☒ ☐

Ein Pfau rennt. ☐ ☐

Ein Maul**wurf** ruft. ☐ ☐

Auf dem Mist**hau**fen ist ein Hahn. ☐ ☐

Eine Maus ist im Haus. ☐ ☐

B b

B b

☐	☐	☐	☐	☐

2

	Wal	Maus	Ball	Ball
	Sand	Birne	Wind	
	Baum	Wand	Bein	
	Reif	Ratte	Rabe	

3

he		
lo		heben
so	ben	loben
lie		so

Zu den Fibelseiten 54 und 55:

1. Heraushören des Lautes /b/, Ankreuzen, wenn dieser im Wort enthalten ist
2. Einkreisen der richtigen Wörter, Schreiben der Wörter
3. Verbinden der Silben zu Verben, Schreiben der Verben

4

B – P ?

 ○ ○ B   ○ ○ B    ○ ○ B

 ○ ○ P   ○ ○ P    ○ ○ P

5

Lies und male.

Mimi ist im Baumhaus.

Ina ist im Baumhaus.
Ina hat einen Pinsel in der Hand.
Sie malt das Fenster braun an.

Amon bastelt.
Er hat blaues Papier.

Mo baumelt am Seil.

4. Heraushören ähnlicher Anlaute, Verbinden der Bilder mit den richtigen Buchstaben
5. Vervollständigen der Illustration dem Text entsprechend

49

K k

K k

1

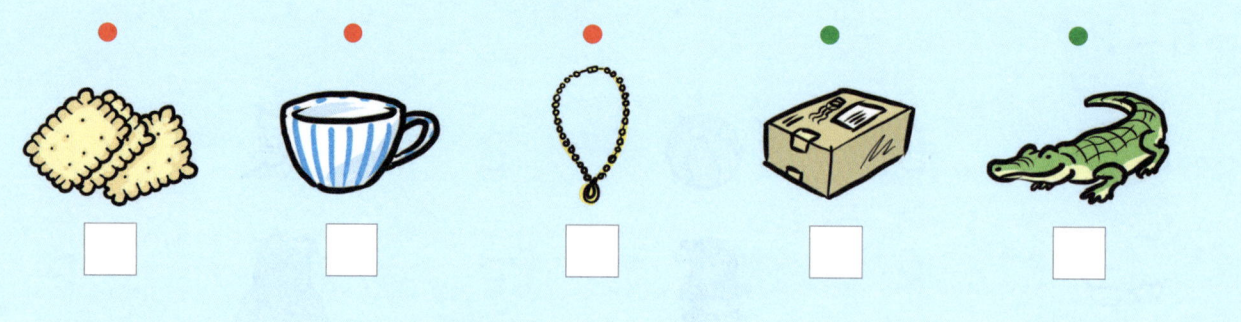

⬤	⬤	⬤	⬤	⬤
☐	☐	☐	☐	☐

2

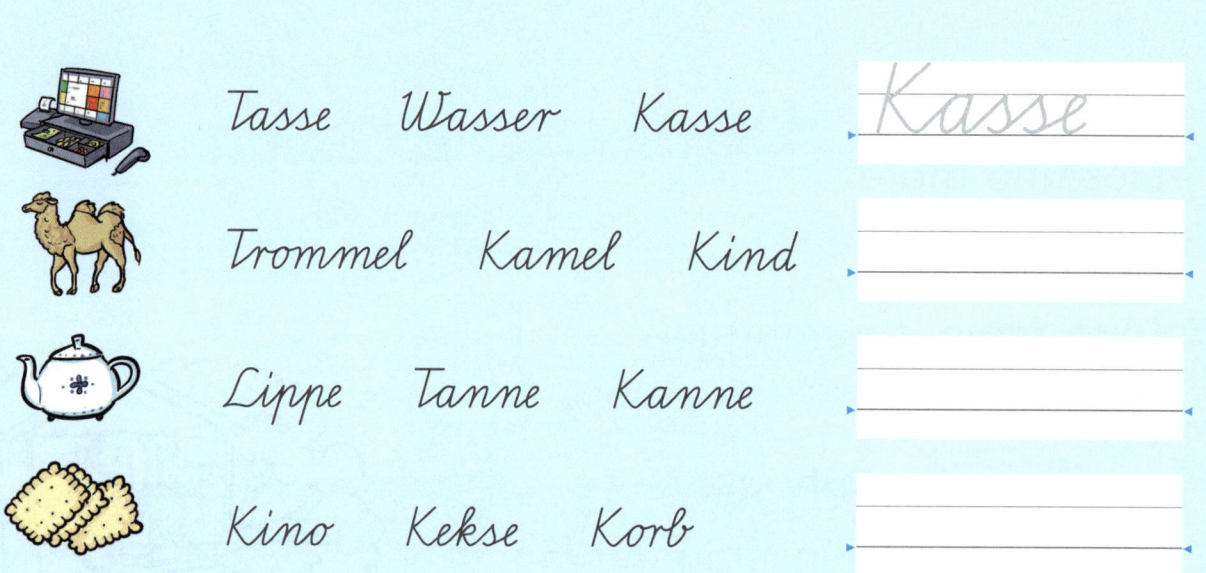

Tasse   Wasser   Kasse → *Kasse*

Trommel   Kamel   Kind →

Lippe   Tanne   Kanne →

Kino   Kekse   Korb →

3 Reime.

die Tanne

die Ka

das Kino

der D

die Nuss

der Ku

die Tasse

die K

Zu den Fibelseiten 56 und 57:
1. Heraushören des Lautes /k/, Ankreuzen, wenn dieser im Wort enthalten ist
2. Einkreisen der richtigen Wörter, Schreiben der Wörter
3. Schreiben der Reimwörter

 *kaufen*

 *kommen*

Papa *kauft*

Opa *kommt*

wir

wir

○ *Oma kauft ein.*

Oma kauft ein.

○ *Mimi knabbert.*

○ *Mimi kramt im Korb.*

4. Schreiben der gebeugten Verben
5. Verbinden der Sätze mit den passenden Bildern, Abschreiben der Sätze

Ch ch
Ch ch

1

Ch und ch

lachen  frech   Eichhörnchen

ich    Dach

riechen   Buch   China

2

ch wie in ich

| rie |
| krie | *chen* |
| bre |

riechen

k

ch wie in ach

| la |
| su | *chen* |
| ko |

lachen

su

Zu den Fibelseiten 58 und 59:
1. Markierung der Buchstabenverbindung *ch*
2. geordnetes Abschreiben der Wörter nach *ich-* und *ach-*Laut

3

| weich | hart | frech | lieb |

Mimi ist

Mo ist

Der Stein ist

Das Kissen ist

4

So bin ich:

Ich lache oft.

Ich liebe rechnen.

Ich kann tief tauchen.

Ich bin ordentlich.

Das kann ich toll:

3. Ergänzen der fehlenden Adjektive
4. Ankreuzen der Sätze zur eigenen Person mit *richtig* oder *falsch*, Malen zu besonderer Fähigkeit

53

Sch sch
Sch sch

1

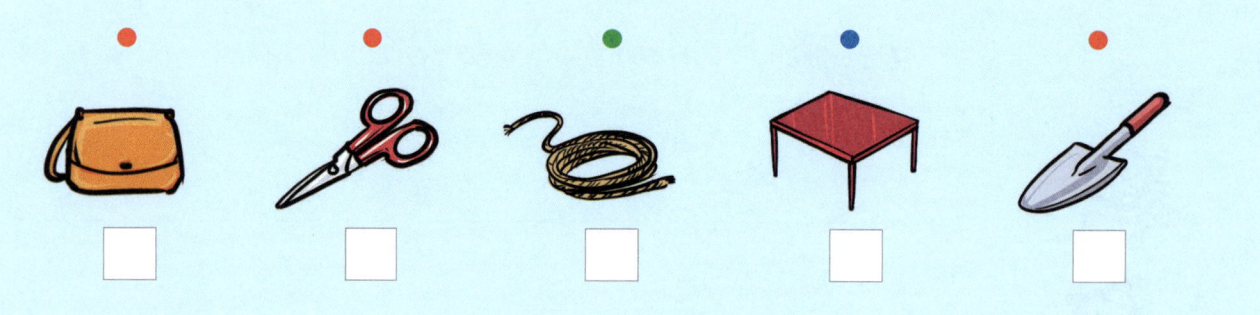

2

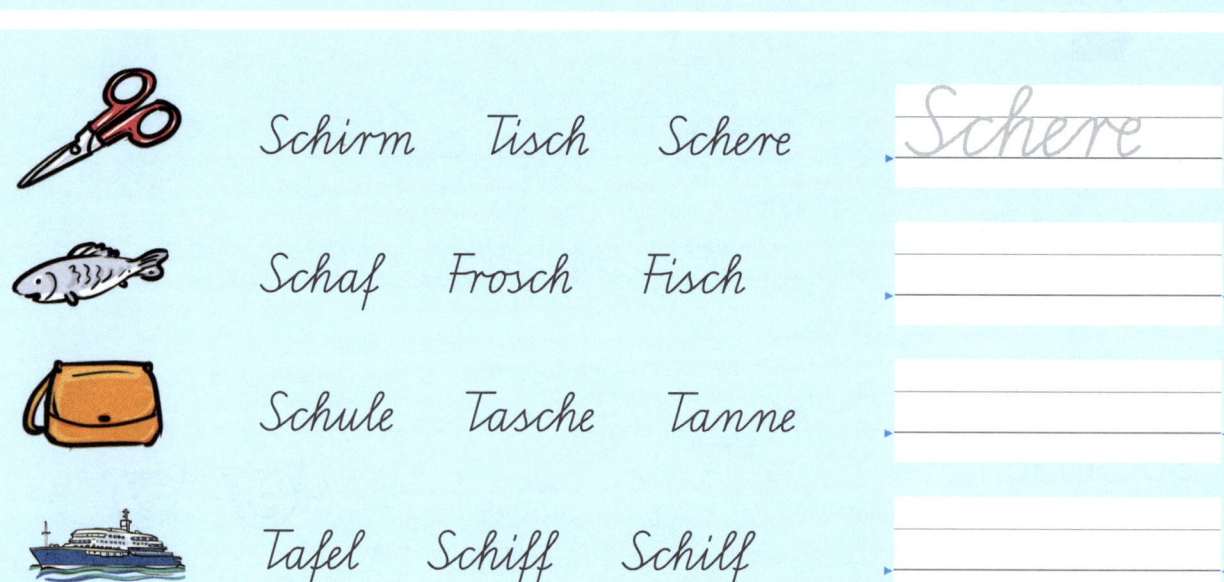	Schirm	Tisch	Schere	*Schere*
	Schaf	Frosch	Fisch	
	Schule	Tasche	Tanne	
	Tafel	Schiff	Schilf	

3

schlafen   *schreiben*

ich *schlafe*   ich *schreibe*

wir *schlafen*   wir

Zu den Fibelseiten 60 und 61:
1. Heraushören des Lautes /sch/, Ankreuzen, wenn dieser im Wort enthalten ist
2. Einkreisen der richtigen Wörter, Schreiben der Wörter
3. Schreiben der gebeugten Verben

4

 | Hand | Tasche |  *Handtasche*

 | Fisch | Suppe

 | Schlauch | Boot

 | Tisch | Bein

5

Schiffe sind im Hafen.

Fischer fischen Schiffe.

Fische sind Tiere.

Ein Schiff ist blau.

 ie F f Au au B b

1

Biene

K_ch_n

a e i o u und ei.
Auch ie und au
sind dabei!

B___ch

*Fl_sch_*

Br___f

2

 *Schere*   *Kleid*   *Fisch*   *Kind*   *Blume*   *Ball*

der

die

die Schere

das

Zu den Fibelseiten 62 und 63:
1. Eintragen der Silbenbögen, Ergänzen der fehlenden Selbstlaute
2. Ordnen der Substantive nach den bestimmten Artikeln, Schreiben der Substantive

3

○ *Nina malt ein Schaf ab.*

Nina _____

○ *Tim malt ein Schaf aus.*

_____

4

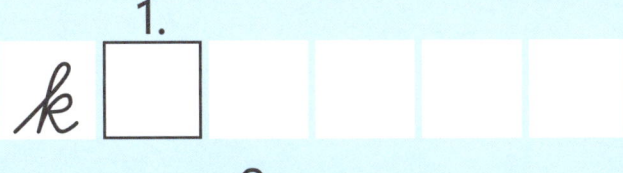

heben   *werfen*   *kommen*

1.
k ⬜ ⬜ ⬜ ⬜ ⬜

2.
⬜ ⬜ ⬜ ⬜ ⬜ ⬜

3.
⬜ ⬜ ⬜ ⬜ ⬜

Male das
Wort nun.

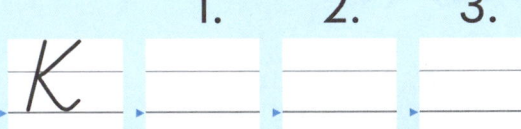

1.   2.   3.
K ___ ___ ___

3. Verbinden der Sätze mit den passenden Bildern, Abschreiben der Sätze
4. Ergänzen der Verben, Übertragen der Lösungsbuchstaben in die Lineatur, Malen des Lösungswortes

1

☐ ☐ ☐ ☐ ☐

2

In der Höhle lebt ein Löwe / ~~Löffel~~.

Aus der Flöte / Feder kommen Töne.

Mit dem Korb / Löffel isst man Suppe.

Die Maus / Möwe fischt Fische.

3

Aus o wird ö

 der Frosch  *die Frösche*

 der Koch  *die Kö*

 der Korb

Zu den Fibelseiten 64 und 65:
1. Heraushören des Lautes /ö/, Ankreuzen, wenn dieser im Wort enthalten ist
2. Durchstreichen der falschen Wörter
3. Bilden der Mehrzahl

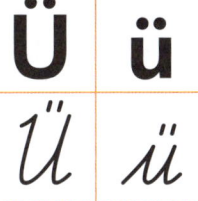

Ü	ü
Ü	*ü*

1

2

In der ~~Tür~~ / Tüte sind frische Brötchen.

Oma schneidet Früchte / Bücher.

In Mias Korb / Schüssel ist Müsli.

Opa isst Rührei / Nüsse.

3

Aus u wird ü

 *die Frucht*   *die Früchte*

 *die Nuss*   *die Nü*

 *das Buch*

Zu den Fibelseiten 66 und 67:
1. Heraushören des Lautes /ü/, Ankreuzen, wenn dieser im Wort enthalten ist
2. Durchstreichen der falschen Wörter
3. Bilden der Mehrzahl

59

G g

G g

1

🔴 🟢 🔵 🔴 🔵

☐ ☐ ☐ ☐ ☐

2

Mama übt auf der Geige / ~~Gabel~~.

Boote fahren mit einem Bügel / Segel.

Die Gans mag Gemüse / Gitarren.

Im Garten wachsen Geigen / Gurken.

3

fra

lie   *fragen*

gen

flie

bie

Zu den Fibelseiten 68 und 69:
1. Heraushören des Lautes /g/, Ankreuzen, wenn dieser im Wort enthalten ist
2. Durchstreichen der falschen Wörter
3. Bilden der Verben, Schreiben der Verben

4 G – K ?

	G			G			G
	K			K			K

5 Gans   Giraffe   Nagel

G				f	

G	a		

		g	

6 Was ist es?

Gurke   Igel

Was ist grün und ein Gemüse?

Es ist die

Wer rollt sich bei Gefahr ein?

Es ist

4. Heraushören ähnlicher Anlaute, Verbinden der Bilder mit den richtigen Buchstaben
5. Ergänzen der Wörter, Verbinden der Wörter mit den richtigen Bildern
6. Schreiben der Rätsellösungen in Satzform

1

rei		
bei	ßen	reißen
gie		

2

| groß | süß | heiß |

klein	groß
kalt	
sauer	

3

-e, -er, -es

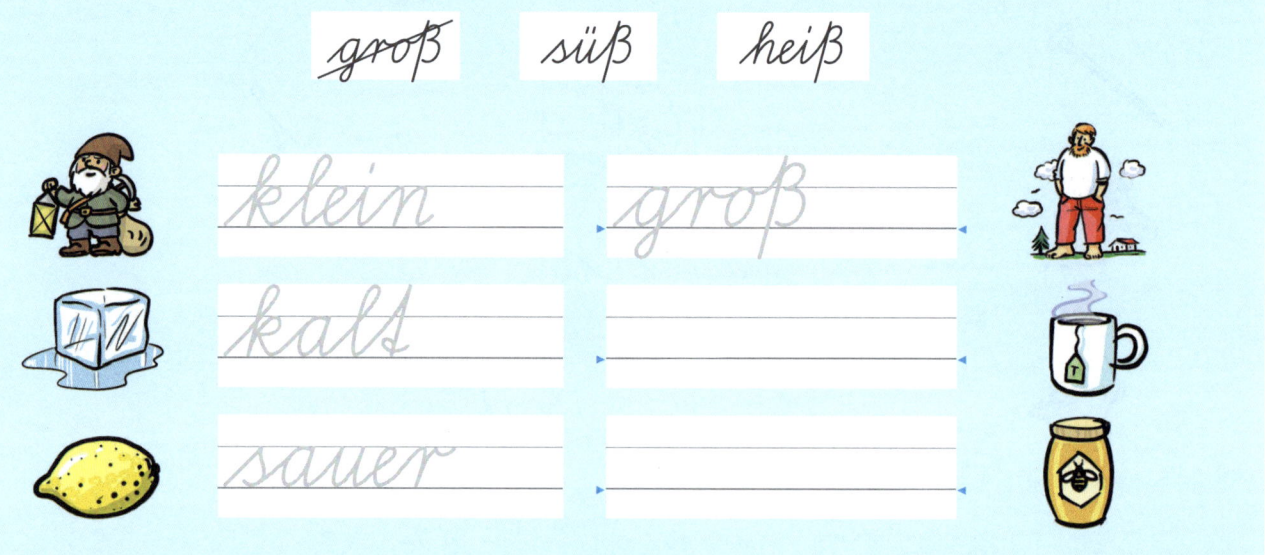

weiß		groß	
eine weiße	Maus	eine große	Tafel
ein weißer	Turm	ein	Löwe
ein weißes	Kleid	ein	Haus

Zu den Fibelseiten 70 und 71:
1. Bilden der Verben, Schreiben der Verben
2. Schreiben der Gegensatzpaare
3. Beugen der Adjektive, Schreiben der Adjektive mit den richtigen Endungen

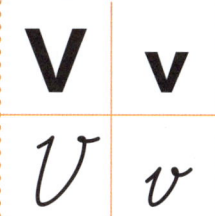

V v
V v

1

 ○   ○ V v  ○

 ○   ○ V v ○

2

v wie f

Vater

Vater
Vase
Vulkan
Vogel
Vampir
Verkehr

v wie w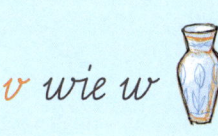

Vase

3

Nest

Vogelnest

Vogel

Futter

Vogel

Haus

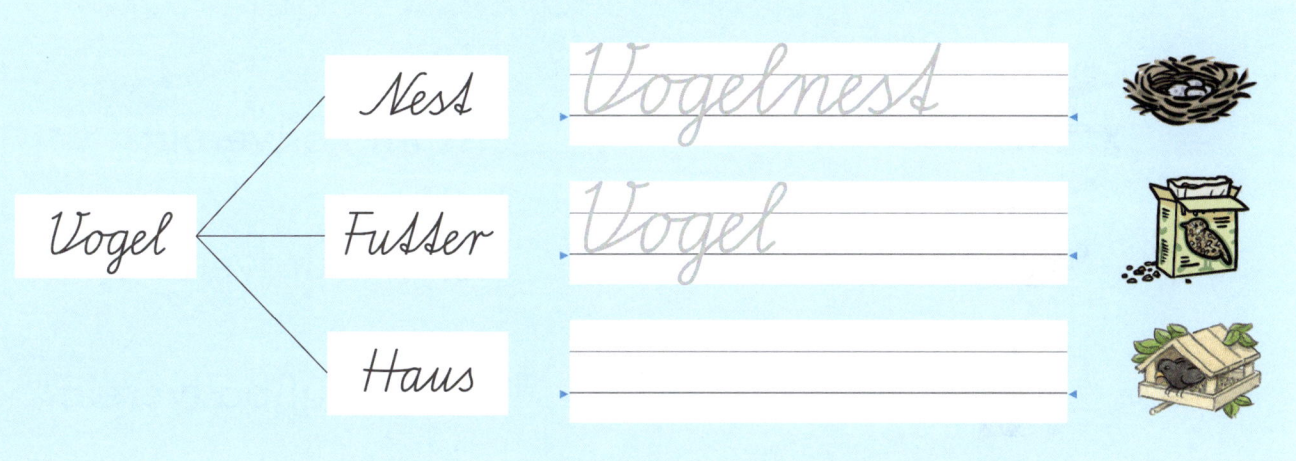

Zu den Fibelseiten 72 und 73:
1. Unterscheiden der Lautqualitäten des v-Lautes, Bilder mit dem passenden Anlautbild verbinden
2. Geordnetes Abschreiben der Wörter je nach Lautqualität des v-Lautes
3. Bilden von zusammengesetzten Substantiven, Schreiben der Wörter

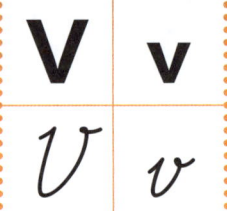

V v

V v

ver-
- reisen → *verreisen*
- gessen →
- lieren →
- bieten →

5

Vater　*Klavier*　*Vogel*　*Vulkan*

Vo	
V	
V	
v ie	

6

Ina _____ ist im Reitverein.

Nina _____ ist im Turnverein.

Amon _____ ist im Fußballverein.

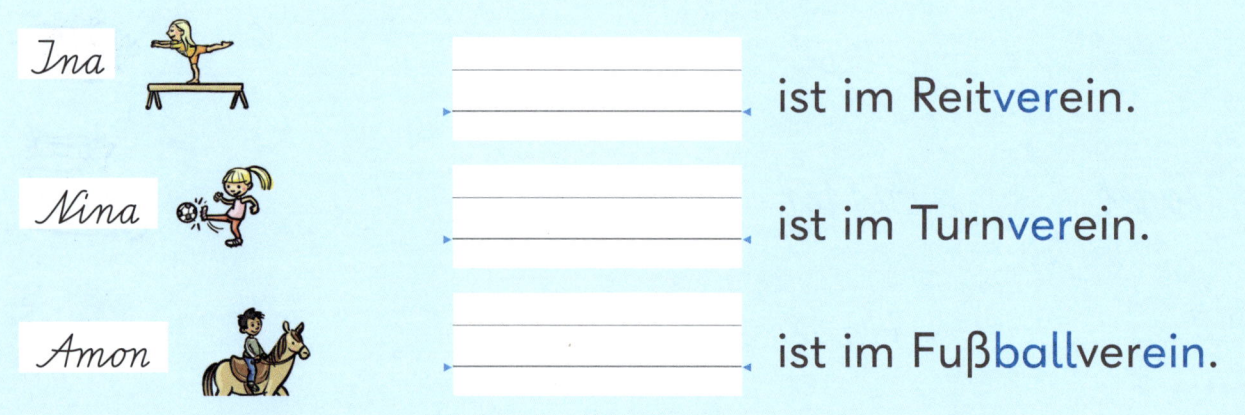

4. Bilden der Verben mit der Vorsilbe ver-, Schreiben der Verben
5. Ergänzen der Wörter, Verbinden der Wörter mit den richtigen Bildern
6. Vervollständigen der Sätze mit den richtigen Namen entsprechend der Bilder

1

Feuer

Euro

Eule

Freunde

2

Mimi und Mo sind Feinde / Freunde.

Eulen / Euros können fliegen.

Das Heu ist in der Schule / Scheune.

3

-e, -er, -es

scheu   *neu*

eine *scheue* *Maus*   *eine* *neue* *Idee*

ein *scheuer* *Igel*   *ein* _____ *Freund*

ein *scheues* *Reh*   *ein* _____ *Buch*

Zu den Fibelseiten 74 und 75:
1. Zuordnen von Bildern und Wörtern durch Verbinden, Schreiben der Wörter
2. Durchstreichen der falschen Wörter
3. Beugen der Adjektive, Schreiben der Adjektive mit den richtigen Endungen

65

Z z
Z z

1 Reime.

der *Hahn*

der *Z*_____

die *Welt*

das *Z*_____

der *Berg*

der *Zw*_____

der *Geiger*

der *Z*_____

2

 zeigen

ich *zeige*

er *zeigt*

wir *zeigen*

 zaubern

ich *zaubere*

er _____

wir _____

3

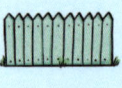 | Garten | Zaun | *Gartenzaun*

 | Uhr | Zeiger | _____

 | Zahn | Bürste | _____

Zu den Fibelseiten 76 und 77:
1. Schreiben der Reimwörter
2. Schreiben der gebeugten Verben
3. Bilden von zusammengesetzten Substantiven, Schreiben der Wörter

4 zu – zum – zur

Ich gehe *zur* Schule.

Ich gehe *zum* Arzt.

Ich gehe   Freunden.

5 Was ist es?

 Zebra    Zitrone    Zelt

Die Frucht ist sau**er**.

Es ist eine

Das Fell ist schwarz und weiß.

Es ist ein

Da**rin** kann man schla**fen**.

1

ge	gen	_Ira_
tra	hen	
zau	ßen	
rei	bern	

2

Gurke   Löwe   Nüsse   Zitrone   Flugzeug

			ö		
G				
			g	eu
Z					
	ü			

Zu den Fibelseiten 78 und 79:
1. Bilden der Verben, Schreiben der Verben
2. Ergänzen der Wörter, Verbinden der Wörter mit den richtigen Bildern

V v   **Eu eu**   **Z z**

3

-e, -er, -es

grün

eine _grüne_ Gurke

ein _____ Vogel

ein _____ Bild

süß

eine _____ Maus

ein _____ Hund

ein _____ Küken

4

Welches **Wort passt?**   _Fuß_   _gelb_   _Krake_   _Klavier_

Auge   Hand   Bauch

1.
F [ ]

Flöte   Geige   Gitarre

2.
[ ][ ][ ][ ][ ][ ] _ie_ [ ]

Zebra   Fisch   Löwe

3.
[ ][ ][ ][ ] [ ]

weiß   schwarz   grün

4.
[ ][ ] [ ][ ]

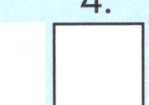

Male **das Wort nun.**

　1.　　2.　　3.　　4.

_G_ ___ ___ ___ ___

3. Beugen der Adjektive, Schreiben der Adjektive mit den richtigen Endungen
4. Lesen der Wortreihen, Ergänzen der thematisch passenden Wörter, Malen des Lösungswortes

69

J j

ℐ j

1

ja	len	_____
jau	gen	*jagen*
ju	sen	_____
jap	beln	_____

2

jagen

ich *jage*

er *jagt*

wir *jagen*

jaulen

ich *jaule*

er _____

wir _____

3 Setze ein.   ~~Jahre~~   Jaguar   Januar

Ich bin 6 *Jahre* alt.

Im _____ beginnt das Jahr.

Der _____ ist ein Tier.

Zu den Fibelseiten 80 und 81:
1. Bilden der Verben, Schreiben der Verben
2. Schreiben der gebeugten Verben
3. Ergänzen der Lückensätze

1

die Katze   die Mütze   der Schatz   die Tatze

die K _____   _____

_____   _____

2

putzen   sitzen

ich _putze_   ich _sitze_

er _putzt_   er _____

wir _putzen_   wir _____

3

Setze ein.   witzige   ~~Platz~~   sitzt

In der Klasse hat alles seinen _Platz_.

Im Regal sind _____ Bücher.

Nele _____ auf dem Kissen.

Zu den Fibelseiten 82 und 83:
1. Beschriften des Bildes
2. Schreiben der gebeugten Verben
3. Ergänzen der Lückensätze

71

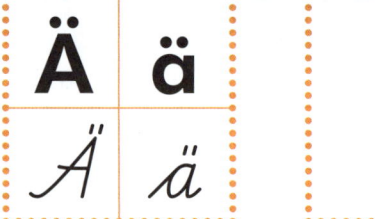

Ä ä

Ä ä

1

Male alle **ä** an.

K**ä**fig	ärgern	Gänse	schälen
täglich	Käfer	lächeln	gefährlich

2

Einzahl   **Mehrzahl**

 *ein Ball*   *viele Bälle*

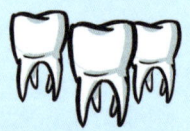 *ein Zahn*   *viele Zähne*

ein Ast

eine Hand

3

 *halten*   *fahren*

ich *halte*   *ich* *fahre*

er *hält*   *er* *fährt*

wir *halten*   *wir*

Zu den Fibelseiten 84 und 85:
1. Markieren aller ä
2. Bilden der Mehrzahl
3. Schreiben der gebeugten Verben

ng

ng

1 Male alle **ng** an.

Zange   fangen   Schlange   singen

bringen   Junge   Angel   eng

2

Einzahl   Mehrzahl

 *ein Junge*    *viele Jungen*

 *eine Schlange*   

 *eine Zange*   

 *eine Zunge*   

3

 fangen    *singen*

ich fange   *ich singe*

er fängt   *er*

wir fangen   *wir*

Zu den Fibelseiten 86 und 87:
1. Markieren aller *ng*
2. Bilden der Mehrzahl
3. Schreiben der gebeugten Verben

ck

ck

1 Reime.

die *Hecke*

die *D* _____

die *Flocke*

die *G* _____

2

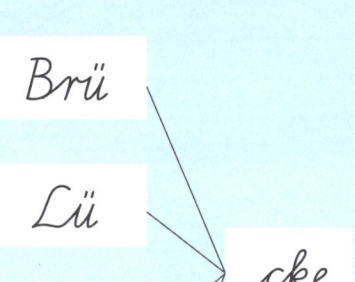

Brü

Lü

De

Schne

cke

die Brücke

die L _____

_____

_____

3

der Bäcker – *backen*

der Wecker – *we* _____

die Hocke – _____

der Schluck – _____

Zu den Fibelseiten 88 und 89:
1. Schreiben der Reimwörter
2. Verbinden der Silben zu Wörtern, Schreiben der Wörter
3. Schreiben der Verben zu den entsprechenden Substantiven

4

eckig	dreckig	trocken	dick

sauber	dreckig
rund	
dünn	
nass	

5

Oh Schreck! Beschreibe das Monster.

☐ dreckig

☐ freundlich

☐ sauber

☐ eckige Augen

☐ dick

☐ Zahnlücke

4. Schreiben der Gegensatzpaare
5. Ankreuzen der passenden Adjektive, Schreiben eigener Adjektive/Beschreibungen zum Monster

75

Äu äu

1

Male alle **äu** an.

B**äu**me	träumen	Mäuse	Äuglein
Räume	schäumen	Träume	Häuschen

2

Aus au wird äu

Einzahl **Mehrzahl**

 eine Maus  *viele M**äu**se*

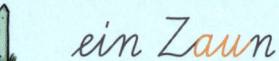 ein Baum  *viele B**äu**me*

ein Zaun

eine Laus

3

Aus groß wird klein

 *ein Baum* ○ ○ 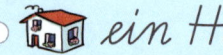 *ein Häuschen*

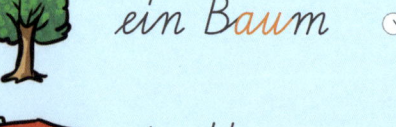 *ein Haus* ○ ○  *ein Mäuschen*

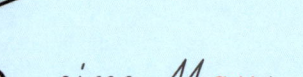 *eine Maus* ○ ○  *ein Bäumchen*

Zu den Fibelseiten 90 und 91:
1. Markieren aller *äu*
2. Bilden der Mehrzahl
3. Verbinden mit den passenden Verkleinerungsformen

4

der Traum – *träumen*

der Raum – *räumen*

der Schaum – _____

5

laufen

ich *laufe*

er *läuft*

wir *laufen*

träumen

ich *träume*

er _____

wir _____

6 Wovon träumt der Junge?

☐ Mimi in Not! Der Junge träumt von Mimis Rettung.

☐ Mimi auf dem Baum! Der Junge träumt von einem neuen Baumhäuschen.

4. Schreiben der Verben zu den entsprechenden Substantiven
5. Schreiben der gebeugten Verben
6. Ankreuzen des passenden Satzes zum Bild

77

St st

St st

1 Reime.

der _Turm_   das _Bein_

der _St_    der _St_

2

 Gummi ○   ○ Stab   _____

 Stoff ○   ○ Stiefel   _Gummistiefel_

 Zauber ○   ○ Tier   _____

3

 stehen    steigen

ich _stehe_   ich _steige_

du _stehst_   du _____

er _steht_   er _____

wir _stehen_   wir _____

Zu den Fibelseiten 92 und 93:
1. Schreiben der Reimwörter
2. Bilden von zusammengesetzten Substantiven durch Verbinden, Schreiben der Wörter
3. Schreiben der gebeugten Verben

die Schere   der Stab   die Stifte   der Stuhl   der Strohhalm

die Schere

5

Welches Bild passt?

1. Male die Figur bunt an.

2. Schneide die Figur aus.

3. Klebe einen Stab an deine Figur.

4. Deine Stabfigur ist fertig!

1

Einzahl   Mehrzahl

ein Dach      *viele Dächer*

ein Wurm

ein Loch

ein Haus

ein Baum

2

 Zahn ○   ○ Tuch

 Jagd ○   ○ Lücke   *Zahnlücke*

 Staub ○   ○ Stall

 Kuh ○   ○ Hund

Zu den Fibelseiten 94 und 95:
1. Bilden der Mehrzahl
2. Bilden von zusammengesetzten Substantiven durch Verbinden, Schreiben der Wörter

ck   **Äu äu**   **St st**

3

[2] kriecht [1] Die Schnecke [ ] langsam.

Die Schnecke

[ ] an. [ ] seine Jacke [ ] Janis zieht

[ ] schmeckt [ ] lecker. [ ] Das Eis

4 Lies und rei**me**.

| Tatze | putzt | Dreck |

Auf dem Tisch ist ein Fleck!

Woher kommt der  Dr_____?

War es die Katze

mit der I_____?

Sie guckt verdutzt,

während Papa p_____.

3. Sortieren der Wörter zu Sätzen, Schreiben der Sätze
4. Ergänzen der Reimwörter im Lückentext

81

Sp sp

Sp sp

1 Ordne zu.

 ○ ○ spielen

 ○ ○ springen

 ○ ○ spülen

 ○ ○ sprechen

 ○ ○ sparen

 ○ ○ spazieren

2 Streiche das falsche Wort durch.

Ina geht heute ~~auf~~ mit Opa spazieren.

Opa zeigt ihr bunt einen Specht.

Sie sprechen sehr leise hinten.

Abends kochen sie schwer zusammen.

3

spielen

ich *spiele*

du *spielst*

er _____

 springen

ich _____

du _____

er _____

Zu den Fibelseiten 96 und 97:
1. Verbinden der Bilder mit den richtigen Wörtern
2. Durchstreichen der überflüssigen Wörter
3. Schreiben der gebeugten Verben

4 Welches Bild passt?

1. Zuerst malst du das Spielfeld auf. ○

2. Dann wirfst du einen Stein
   in Feld 1 und springst darüber. ○

3. Zum Schluss springst du
   in die übrigen Felder. ○

5

Fußball spielen ▸ *Ich spiele Fußball.* ◂

Seil springen ▸ *Ich springe* ◂ .

Geschirr spülen ▸ ◂

Geld sparen ▸ ◂

nk
nk

1 Ordne zu.

 ○   ○ der Blinker    ○   ○ die Schranke

 ○   ○ die Bank    ○   ○ der Lenker

 ○   ○ der Schrank    ○   ○ der Onkel

2 Finde die Wörter.

~~Bank~~

On**kel**

Schrank

Len**ker**

E	R	O	N	K	L	P	E	P	T
S	U	B	A	N	K	T	G	B	E
M	T	E	L	E	N	K	E	R	W
O	N	K	E	L	B	N	M	K	F
W	T	I	A	U	Ü	K	J	H	R
G	Ä	G	S	C	H	R	A	N	K

3

trinken

ich *trinke*

du *trinkst*

wir _____

 *winken*

ich _____

du _____

wir _____

Zu den Fibelseiten 98 und 99:
1. Verbinden der Bilder mit den richtigen Wörtern
2. Einkreisen der versteckten Wörter mit *nk*
3. Schreiben der gebeugten Verben

-e, -er, -es

krank

eine **kranke** Omi

ein _____ Junge

ein _____ Mädchen

| | von der Bank. | 2 | fällt | 1 | Amon |

Amon fällt _____

| 1 | Sein | | tut ihm weh. | | linker Arm |

Sein _____

| | ins Krankenhaus. | | muss | | Amon |

_____

_____

_____

4. Beugen des Adjektivs, Schreiben des Adjektivs mit der richtigen Endung
5. Sortieren der Wörter zu Sätzen, Schreiben der Sätze

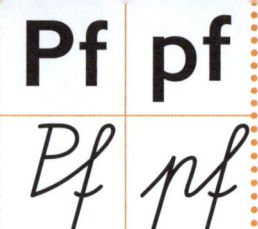
Pf pf

1 Ordne zu.

 ○   ○ der Topf    ○   ○ die Pflaume

 ○   ○ der Kopf    ○   ○ das Pferd

 ○   ○ die Pfote    ○   ○ die Pflanze

2 Streiche das falsche Wort durch.

Toni ist ~~groß~~ gestolpert.

Er hat sich morgen den Kopf gestoßen.

Mama holt ihm links ein Pflaster.

Toni geht es ganz wieder besser.

3

pflanzen

ich *pflanze*

du *pflanzt*

wir _____

hüpfen

ich _____

du _____

wir _____

Zu den Fibelseiten 100 und 101:
1. Verbinden der Bilder mit den richtigen Wörtern
2. Durchstreichen der überflüssigen Wörter
3. Schreiben der gebeugten Verben

4 Welches Bild passt?

1. Schneide einen Ableger ab. ○　○

2. Stelle ihn ins Wasser. ○　○

3. Warte bis sich Wurzeln bilden. ○　○

4. Setze die Pflanze in den Topf. ○　○

5 Schreibe die Anleitung ab.

1. Schneide einen Ableger ab.

2. Stelle ihn

Qu qu
Qu qu

1 Ordne zu.

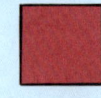 ○   ○ der Quark    ○   ○ der Qualm

 ○   ○ die Qualle    ○   ○ die Kaulquappe

 ○   ○ das Quadrat    ○   ○ das Aquarium

2 Finde die Wörter.

E	R	Q	U	A	L	L	E	P	T
Q	U	A	D	R	A	T	G	B	E
U	T	E	Q	R	E	K	L	E	W
A	D	R	U	W	B	N	M	K	F
L	T	I	A	U	Ü	K	J	H	R
M	Ä	G	L	W	Q	U	A	R	K

~~Qualle~~
Quadrat
Qualm
Quark

3 Was ist es?

●  Quark   ● 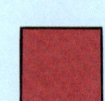 Quadrat

Er wird aus Milch hergestellt.

Es ist der

Es hat vier Ecken.

Zu den Fibelseiten 102 und 103:
1. Verbinden der Bilder mit den richtigen Wörtern
2. Einkreisen der versteckten Wörter mit *Qu*
3. Schreiben der Rätsellösungen in Satzform

4 Verbinde.

Der Schornstein ○   ○ qualmt.

                        ○ quiekt.

Der Frosch ○   ○ quietscht.

                        ○ quakt.

Die Schweine ○   ○ quaken.

                        ○ quieken.

5

[ ] ist [1] Omas Sofa [ ] sehr bequem.

Omas Sofa

[ ] Tim [ ] Kartoffeln mit Quark. [ ] isst

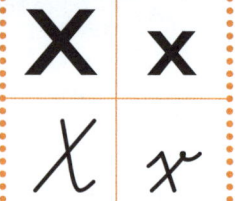

1 Ordne zu.

 ○ ○ die Hexe    ○ ○ das Taxi

 ○ ○ der Boxer    ○ ○ die Axt

 ○ ○ der Mixer    ○ ○ die Box

2 Finde die Wörter.

~~Boxer~~
Hexe
Lexikon
Mixer

F	R	P	U	A	X	L	E	P	T
X	Ü	A	D	R	U	T	G	B	E
M	T	E	L	E	X	I	K	O	N
T	U	K	U	W	B	N	M	X	F
H	E	X	E	Ü	X	K	J	E	R
O	X	G	L	M	I	X	E	R	K

3 Was ist es?

 *Mixer*    *Boxer*

Ein Sportler, der mit Fäusten kämpft.

Es ist der

Damit kannst du mischen und zerkleinern.

Zu den Fibelseiten 104 und 105:
1. Verbinden der Bilder mit den richtigen Wörtern
2. Einkreisen der versteckten Wörter mit x
3. Schreiben der Rätsellösungen in Satzform

1

Beschrifte.

die Creme *der Computer* *der Comic* *die Cola* *der Cent*

die Creme

2

Streiche das falsche Wort durch.

 Lina ~~schenkt~~ tippt am Computer.

 Tim schnell kauft sich Cola und Popcorn.

 Opa zeltet euch im Sommer.

 Der Clown gesund macht Quatsch.

Zu den Fibelseiten 106 und 107:
1. Beschriften des Bildes
2. Durchstreichen der überflüssigen Wörter

91

chs

1 Ordne zu.

 ○   ○ der Fuchs   ○   ○ das Wachs

 ○   ○ die Achsel    ○   ○ sechs

 ○   ○ die Eidechse    ○   ○ der Dachs

2 Streiche das falsche Wort durch.

   Auf dem Kuchen sind ~~sauer~~ sechs Kerzen.

   Der kaputte Reifen wird offen gewechselt.

   Die Eidechse sonnt sich kaputt auf dem Stein.

3

wachsen   wechseln

ich _wachse_   ich _wechsle_

er _wächst_   er _____

wir _____   wir _____

92   Zu den Fibelseiten 108 und 109:
1. Verbinden der Bilder mit den richtigen Wörtern
2. Durchstreichen der überflüssigen Wörter
3. Schreiben der gebeugten Verben

Y	y
Y	*y*

1

Wie klingt das Y, y? Ordne zu.

wie i   *das Baby*   ○   ○

wie ü   *die Pyramide*   ○   ○

wie j   *der Yak*   ○   ○

2

Finde die Wörter.

Pony
Pyramide
Teddy
Handy

U	R	P	U	A	X	L	E	P	Y
L	Ü	A	D	R	U	T	G	B	T
M	T	P	Y	R	A	M	I	D	E
T	U	O	U	W	B	N	M	X	D
H	A	N	D	Y	X	K	J	E	D
O	K	Y	L	M	I	N	E	R	Y

3

Was ist es?

   *Baby*   *Pony*

Ein ganz kleines Kind nennt man so.

Es ist das

Ein kleines Pferd nennt man so.

Zu den Fibelseiten 110 und 111:
1. Unterscheiden der Lautqualitäten des y-Lautes, Wörter mit dem passenden Lautbild verbinden
2. Einkreisen der versteckten Wörter mit y
3. Schreiben der Rätsellösungen in Satzform

93

1 Ordne zu.

 ○   ○ das Baby    ○   ○ der Schrank

 ○   ○ der Quark    ○   ○ das Pferd

 ○   ○ der Fuchs    ○   ○ das Spiel

2 Streiche das falsche Wort durch.

   Das Baby wächst sehr klein schnell.

   An den Gleisen steht eine Pfütze Schranke.

   Oma flitzt sitzt abends am Computer.

3 Verbinde.

Heute feiert Cleo ihren sechsten Geburtstag. ○   ○

Alle spielen und tanzen zu cooler Musik. ○   ○

Cleo packt die Geschenke aus. ○   ○

Zu den Fibelseiten 112 und 113:
1. Verbinden der Bilder mit den richtigen Wörtern
2. Durchstreichen der überflüssigen Wörter
3. Verbinden der Sätze mit den passenden Bildern

4 Hilf Mimi und Mo durch das Labyrinth.
Vervollständige die Wegbeschreibung!

| *Spinne* | *Berg* | *Höhle* | *Fuchs* | *Schatz* | *Hexe* |

Startet neben der *Spinne* .

Lauf durch die ☐☐*h*☐☐ .

Nehmt den Weg über den ☐☐☐*g* .

Jetzt trefft ihr auf die ☐*e*☐ .

Folgt dem schlauen *F*☐☐ .

Juhu, nun seht ihr den ☐☐*tz* !